Paris

1857

Fouque, Victor

Du Gallia christiana et de ses auteurs, étude bibliographique

M. Renan.

DU

GALLIA CHRISTIANA

ET DE SES AUTEURS,

ÉTUDE BIBLIOGRAPHIQUE,

PAR VICTOR FOUQUE,

Correspondant du Ministère de l'Instruction publique et des Cultes pour les travaux historiques, Membre de plusieurs Académies et Sociétés savantes, etc., etc.

« Reddite ergo quæ sunt
« Cæsaris, Cæsari.
« ST.-MATTHIEU, ch. 22. »

PARIS,
EDWIN TROSS, ÉDITEUR,
Rue des Bons-Enfants, 28.
1857.

TIRÉ A PETIT NOMBRE.

DU

GALLIA CHRISTIANA

ET DE SES AUTEURS.

PRINCIPAUX
OUVRAGES DU MÊME AUTEUR.

Histoire de Chalon-sur-Saône,
depuis les temps les plus reculés jusqu'à nos jours,
avec un plan de la ville de Chalon.

Un fort volume de 650 pages, imprimé sur papier surfin satiné.

Ouvrage qui a obtenu de l'Académie des Inscriptions et Belles-Lettres (Institut de France)
UNE MENTION HONORABLE.

RECHERCHES HISTORIQUES
SUR LA
RÉVOLUTION COMMUNALE AU MOYEN-AGE,
et sur le Système Electoral appliqué aux Communes,
Un volume in-8°, sur papier fin.

RECHERCHES HISTORIQUES
SUR LES CORPORATIONS
DES ARCHERS, DES ARBALÉTRIERS ET DES ARQUEBUSIERS,
Un vol. in 8° de 462 pages.

LL. MM. II. ET RR.
NAPOLÉON ET JOSÉPHINE
ET SS. PIE VII,
A Chalon-sur-Saône.
(AVRIL 1805)
Seconde édition, in-8°.

DU
GALLIA CHRISTIANA
ET DE SES AUTEURS,

ÉTUDE BIBLIOGRAPHIQUE,

PAR VICTOR FOUQUE,

Correspondant du Ministère de l'Instruction publique et des Cultes pour les travaux historiques, Membre de plusieurs Académies et Sociétés savantes, etc., etc.

« Reddite ergo quæ sunt
« Cæsaris, Cæsari.
« ST.-MATTHIEU, ch. 22. »

PARIS,
EDWIN TROSS, ÉDITEUR,
Rue des Bons-Enfants, 28.
1857.

TIRÉ À PETIT NOMBRE.

AVANT-PROPOS.

La Bibliographie est une science qui ne s'acquiert qu'après des études sérieuses et persévérantes, et encore et surtout par une grande et longue pratique des livres.

Néanmoins, on rencontre souvent des écrivains qui, ne tenant aucun compte de cette double et indispensable condition, composent, avec une légèreté et un aplomb incroyables, de magnifiques thèmes sur un sujet quelconque, avec la première matière venue qui leur a plu, sans nullement s'inquiéter s'ils faussent ou non la vérité.

Tout récemment, nous avons eu une nouvelle preuve de cette manière d'opérer dans un écrit concernant l'ouvrage intitulé : *Gallia Christiana*. Un fait digne de remarque, c'est que cette œuvre semble destinée, depuis plus de deux siècles, à exciter l'éloquence ou plutôt la verve d'un grand nombre d'écrivains. Pour notre part, nous en connaissons une vingtaine qui, après s'être successivement inspirés à la même source, dans le même texte erroné, ont composé chacun un panégyrique, plus ou moins éloquent, du même héros, victime, selon eux, d'une indigne spoliation ; et cela en reproduisant les mêmes plaintes, les mêmes doléances, les mêmes récriminations, répétées avec une entente parfaite, digne d'une meilleure cause.

Et pourtant, de ces vingt auteurs, plusieurs ont composé chacun un ouvrage de bibliographie ; un autre est conservateur d'une bibliothèque publique : ce qui aurait dû, ce nous semble, les rendre plus circonspects dans leurs recherches de la vérité sur l'origine de l'ouvrage qui nous occupe.

Celui qui a fourvoyé ces écrivains, qui les a tous mis en faute, c'est le P. Perry, jésuite, qui, dans son *Histoire de Chalon-sur-Saône*, publiée en 1659, a attribué à tort, l'idée première, le plan, l'origine de la *Gallia Christiana* à Claude Robert, grand vicaire du diocèse de Chalon-sur-Saône.

Cependant, dans la cause qui nous occupe, le P. Perry n'est ni le premier, ni le véritable coupable ; et quoiqu'il ait donné dans son livre, un bon nombre de crocs-en-jambe à la vérité, nous aimons à croire, néanmoins, qu'il était de bonne foi, lorsqu'il a composé *l'Eloge*, selon son expression, de son contemporain Claude Robert, et qu'il a cru dire la vérité quand il a reproduit, sans examen et sans contrôle, le récit erroné de son ami le P. Louis Jacob de Saint-Charles, né en 1608, carme du monastère de Chalon-sur-Saône. Ce religieux est donc réellement le plus coupable, puisqu'il est le premier qui a publié un écrit erroné en faveur du grand vicaire de

Chalon, ainsi que nous le démontrerons en temps et lieu.

Si nous accusons le P. Perry, plutôt que le P. Jacob, d'avoir inspiré les apologistes de Claude Robert, c'est parceque le livre du premier étant rédigé en langue française, et le livre du second étant écrit en langue latine, on a donné la préférence au P. Perry pour composer avec son texte les panégyriques du grand vicaire de Chalon : cela était tout naturel. Ces écrivains ont trouvé, en effet, beaucoup plus commode et plus simple de reproduire sans fatigue et sans peine un texte français tout fait, plutôt que de traduire laborieusement en cette langue, un texte latin. C'est donc avec raison que nous accusons le P. Perry, d'avoir inspiré les panégyristes de Claude Robert ; c'est donc à lui et non à d'autres, que nous continuerons d'attribuer les erreurs répétées par les apologistes du grand vicaire de Chalon.

Notre désir de publier cette Étude bibliographique n'est pas nouveau : il remonte à plusieurs années. Mais des circonstances, indépendantes de notre volonté, nous ont empêché d'accomplir notre dessein. Nous saisissons l'occasion qui nous est offerte par la récente publication d'une nouvelle apologie écrite en faveur du grand vicaire de Chalon, et aussi l'annonce de la continuation, par M. Barthélemy Hauréau, de l'œuvre des Bénédictins, pour réfuter une fois pour toutes, les panégyriques composés pour Claude Robert, combattre l'erreur commune aux écrivains qui ont écrit sur la *Gallia Christiana* et ses auteurs, et proclamer la vérité sur l'origine de cet impérissable ouvrage, en faisant, sur des documents authentiques et irrécusables, l'histoire de ce monument historique.

Nous avons divisé la matière de cette Étude bibliographique en deux parties. La première comprend l'histoire et la description des trois premières éditions de la *Gallia Christiana*. La seconde partie renferme tout ce qui concerne la mémorable et dernière édition du même ouvrage, publiée par les Bénédictins de la congrégation de Saint-Maur.

PREMIÈRE PARTIE.

I.

Depuis plus de deux siècles, grâce à des écrivains mal informés, Claude Robert, grand vicaire du diocèse de Chalon-sur-Saône, est généralement considéré comme le véritable créateur, le premier auteur de la *Gallia Christiana*. Cette usurpation n'est pas un fait isolé, ainsi qu'on pourrait le supposer. Nous ne saurions dire, pour notre part, combien nous avons rencontré de cas semblables dans notre longue carrière d'historien ; combien nous avons trouvé de faits erronés acceptés comme vrais depuis des siècles, et répétés comme tels à l'infini, par des écrivains qui ne se sont pas donné la peine de vérifier si ces faits erronés étaient exacts ou non. Nous avons signalé et relevé les erreurs et proclamé la vérité toutes les fois que nous avons pu le faire, et nous agirons de même lorsque la chose nous sera possible ; car, comme le dit M. Henri. Martin, « En histoire comme en toute chose, la victoire « de la vérité n'est pas si facile. L'erreur réfutée, terrassée « vingt fois, relève vingt fois la tête. Il ne faut pas craindre « de se répéter. »

Animé de ce même principe, et voulant faire un acte de justice et de restitution, nous allons dire avec Saint-

Mathieu : *Reddite ergo quæ sunt Cæsaris, Cæsari*, et proclamer hautement que le premier auteur, celui qui a conçu, exécuté et publié le premier la *Gallia Christiana*, est JEAN CHENU, avocat au parlement de Paris, jurisconsulte, littérateur et historien, né à Bourges, le 29 décembre 1559, et non Claude Robert, comme on l'a si souvent imprimé à tort depuis plus de deux siècles.

Jean Chenu était fils de Claude Chenu, marchand à Bourges, et de Christine Guimard. Il partagea son temps entre les devoirs de sa profession d'avocat, et la composition de plusieurs ouvrages de jurisprudence, de littérature et d'histoire ; notamment l'histoire de sa province, dont il avait fait une étude toute particulière et approfondie. Le maréchal de La Châtre, gouverneur du Berry, lui confia le soin de ses affaires, et l'honora toute sa vie d'une constante et vive amitié. Jean Chenu est mort le 16 décembre 1627, âgé de soixante huit ans, aimé et estimé de tous, par la noblesse de son caractèré et sa vaste érudition.

L'ouvrage de Jean Chenu, qui nous occupe, a pour titre : Archiepiscoporum et Episcoporum Galliæ chronologica historia, quà ordo, eorumdem à temporibus apostolorum incœptus ad nostra usque per traducem succedentium servatus ostenditur ; auctore Joanne Chenu, Biturico, in senatu Parisiensi patrono : Parisiis, Buon, 1621.

Cet ouvrage, forme un volume, in-4° de 757 pages ; sa matière est ainsi divisée :

1° Archiepiscoporum et Episcoporum Galliæ chronologica historia. Cette première partie, y compris un *errata* de sept pages, est contenu en 563 pages;

2° Chronologica historica Patriarcharum, Archiepiscoporum Bituricensium et Aquitanarium primatum. ; cette deuxième partie forme 122 pages ;

3° Notitia Archiepiscopatuum, Episcopatuum provinciæ Bituricensis, Abbatiarum et Beneficiorum ; avec traduction française en regard ; cette troisième partie est renfermée en 67 pages ;

4° Catalogus decanorum ecclesiæ Bituricensis ; ce catalogue et l'*errata* qui le concerne, forment 5 pages.

Voici maintenant en quels termes Jacques Lelong et Fevret de Fontette, — dans le tome premier de leur *Bibliothèque historique de France* — s'expriment sur le livre de Jean Chenu :

« Cet ouvrage renferme des recherches curieuses sur « l'ancienne géographie, l'histoire et les singularités des « provinces et des villes dont l'auteur est obligé de parler. « On y trouve encore plusieurs bulles accordées par les « papes à plusieurs églises de France ; des dissertations « historiques et critiques sur les noms et les particula- « rités des premiers évêques et de la plupart des siéges « de ce royaume ; enfin un précis de la vie de nos prélats, « les plus célèbres, et quelquefois de leurs ouvrages. Il y « a tout lieu de croire que l'auteur n'a pas mis la dernière « main à ce livre ; on y trouve beaucoup de lacunes dans « plusieurs suites chronologiques des évêques de différents « siéges, et d'autres omissions assez considérables. »

La priorité de Jean Chenu à la création de la *Gallia Chistiana* est constatée d'une manière irrécusable par le document suivant, que nous copions littéralement.

« Extrait du procès-verbal de l'Assemblée générale du « Clergé de France, de l'année 1710.

« Du mardi 17 juin, à huit heures du matin ;

« Monseigneur le cardinal de Noailles, président ;

« Monseigneur l'archevêque de Narbonne, et M. l'abbé « Prémeaux, commissaires nommés pour la nouvelle « édition du livre intitulé *Gallia Christiana*, ont pris le « bureau, et Monseigneur l'archevêque de Narbonne a dit : « . . . . . qu'en l'année 1621, Jean Chenu, natif de Bourges, « avocat au Parlement de Paris, fit paroître une Histoire « chronologique, in-4°, des archevêques et évêques de « France ; que cet ouvrage étoit louable par les inten- « tions de l'auteur, et parcequ'il étoit le *premier* qui en « avoit formé le dessein. . . . . (1) »

Michaud, dans les quelques lignes qu'il a consacrées à Jean Chenu dans sa *Biographie universelle*, constate aussi la priorité de l'avocat-historien de Bourges, à la création de la *Gallia Christiana*. Après avoir donné le titre du livre de Jean Chenu, tel que nous l'avons reproduit ci-dessus, Michaud, ajoute ceci : « Assez exact, mais superficiel et « d'ailleurs effacé par la *Gallia Christiana* de MM. de « Sainte-Marthe. (2) »

Ce n'est pas tout. Barbier, dans son *Dictionnaire des ouvrages anonymes et pseudonymes*, est aussi concis que

(1) Cet extrait du procès-verbal de l'Assemblée générale du Clergé de France, est placé au commencement du premier volume de la *Gallia Christiana*, publié en 1715, par les Bénédictins de la Congrégation de Saint-Maur.

(2) Michaud. Biographie universelle, etc., tome VIII. page 332.

concluant. « Le *dessein* de cet ouvrage, dit-il, en parlant « de la *Gallia Chistiana*, fut *conçu* par Jean Chenu, Paris, « 1621, in-4°, et *étendu* par Claude Robert, Paris, 1626, « in-folio. (1). » Tout le monde connait la rigoureuse exactitude de Barbier dans la composition de ses impérissables ouvrages.

Tout cela est péremptoire, clair, précis. Ainsi c'est bien Jean Chenu qui a eu le premier l'idée, qui a conçu et exécuté le premier le plan de la *Gallia Christiana*, qui a composé et publié le premier cet immortel monument historique. A cet égard, — d'après les documents authentiques que nous avons reproduits ci-dessus, et d'autres que nous donnerons encore, — il n'y a point d'équivoque possible.

Continuons. Ainsi que nous l'avons vu, c'est en 1621, que Jean Chenu a publié son volume in-4° de l'Histoire chronologique des archevêques et des évêques de la France.

Ciuq ans plus tard, en 1626, Claude Robert a fait paraitre son volume in-folio, intitulé : Gallia Christiana, in quâ regni Franciæ, ditionumque vicinarum diœceses et in iis præsules describuntur; curâ et labore Claudii Roberti Lingonensis presbyteri : Parisiis, Cramoisi, 1626.

Mais avant de faire la description de ce volume, nous allons esquisser à grand traits la vie de Claude Robert.

Claude Robert est né, vers 1565, à Chesley, village du canton de Chaource, arrondissement de Bar-sur-Seine. Il fit

(1) Barbier. Dictionnaire des ouvrages anonymes et pseudonymes, etc., 2e édition, tome, III page 545.

ses études au collége de Cambray, à Paris, où il avait obtenu une bourse. Il cultiva tour à tour, avec un grand succès, les belles-lettres, la philosophie, la théologie et la science du droit canon. Pourvu d'un canonicat à la Chapelle-aux-Riches, de Dijon, il vint se fixer dans cette ville, en 1590. Là, il se fit bientôt remarquer par son érudition et par sa profonde piété, du président au parlement, Fremyot, qui lui confia l'éducation de son fils, André Fremyot (1). Le maître et l'élève parcoururent successivement la France, l'Italie, les Pays-Bas et l'Allemagne. André Fremyot, qui était déjà abbé de Saint-Etienne de Dijon, fut élevé, en 1603, à l'archevêché de Bourges; il emmena avec lui Claude Robert, qui lui fut d'une grande utilité par ses lumières et par sa longue expérience. Il est à croire que pendant son long séjour à Bourges, Claude Robert connut Jean Chenu, et que même il eut des relations plus ou moins fréquentes et plus ou moins intimes avec lui, et qu'alors — les auteurs aimant à parler de leurs ouvrages — il est très présumable que Jean Chenu communiqua le plan et même la matière de son Histoire chronolo-

(1) M. Socard, — l'un des apologistes du grand vicaire de Chalon, et dont nous reparlerons bientôt, — à la page 4 de sa *Notice Historique sur Claude Robert*, fait erreur lorsqu'il affirme que le Président Fremyot, était *frère* de Sainte-Chantal. Cette dame, née à Dijon, en 1572, était *sœur* d'André Fremyot, né en 1575, archevêque de Bourges, et ambassadeur de France près le pape Urbain VIII, et par conséquent *fille* de Fremyot, président au parlement. Devenue veuve, Jeanne Françoise Fremyot, dame de Chantal, se livra à l'exercice d'une grande piété; elle fonda, en 1610, avec Saint-François de Sales, l'ordre de la Visitation de Sainte-Marie, dont elle fut la première supérieure. Elle mourut en odeur de Sainteté, en 1642, la même année que son frère André Fremyot: elle était aïeule de Madame de Sévigné.

gique des archevêques et des évêques de France, à Claude Robert.

Marguerite Fremyot, sœur de Jeanne Françoise Fremyot, dame de Chantal, et d'André Fremyot, archevêque de Bourges, avait épousé messire Jacques de Nuchèzes, chevalier, seigneur de Frans, baron de Buxy. De ce mariage naquit, le 25 octobre 1591, Jacques de Nuchèzes. André Fremyot prit soin de l'éducation de son neveu, qu'il chérissait tendrement. Après l'avoir fait étudier à Dijon et à Lyon, chez les Pères Jésuites, il le confia à son ancien précepteur Claude Robert. Ces nouvelles fonctions ne permirent pas à Robert de conserver son canonicat de la Chapelle-aux-Riches; il s'en démit, en 1609, — après l'avoir possédé dix neuf ans — en faveur de Barthélemy Quarré, son parent.

Jacques de Nuchèzes devint, sous l'habile direction de son savant et pieux précepteur et la haute protection de son oncle André Fremyot, successivement chancelier de l'académie et de l'église de Bourges, vicaire général de la même église, abbé de Varennes, abbé de Saint-Etienne de Dijon, prieur de Nantua, doyen de Saint-Denis de Nogent-le-Rotrou, et enfin, à l'âge de trente deux ans et quelques mois, évêque de Chalon. Jacques de Nuchèzes ne fut point ingrat, il attira à lui son précepteur et le nomma son grand vicaire. Ces derniers événements se passaient dans les derniers mois de 1624. C'est alors, mais seulement alors, que Claude Robert songea à commencer et à préparer la publication de sa *Gallia Christiana*, qui parut, comme chacun sait, en 1626, c'est-à-dire, cinq ans après que Jean Chenu eut publié son volume intitulé : Archiepiscoporum et Episcoporum Galliæ, etc. Si nous insistons sur cette date de 1624, c'est que, ainsi qu'on le verra plus tard, des apologistes du grand vicaire de Chalon font remonter le dessein de la publication de la *Gallia Christiana*, de Claude Robert, à l'époque où il visitait Rome, avec son élève André Fremyot, c'est-à-dire, environ trente ans avant qu'il publiât son livre et vingt-cinq avant la publication du volume de Jean Chenu, en 1621.

Depuis que Claude Robert s'était fixé à Chalon, il logeait à l'évêché chez son ancien élève, Jacques de Nuchèzes, avec qui il vivait dans la plus étroite intimité : la mort seule les sépara. Claude Robert, mourut le 17 mai 1637, âgé d'environ soixante onze ans ; il a été inhumé dans l'église cathédrale de Saint-Vincent, en face de la chaire à prêcher ; son épithaphe composée par Jacques de Nuchèzes, gravée sur cuivre, fut attachée à l'un des piliers voisins de sa tombe. Robert était grand par l'esprit et par la science, mais il était très-petit de corps. « Son âme, dit Perry, y « estoit logée comme une précieuse essence, ou un parfum « exquis dans une petite fiole, ou dans une petite « boëte. »

Quant à son ami, Jacques de Nuchèzes, après avoir été sacré par son oncle, André Fremyot, archevêque de Bourges, à la fin de l'année 1624 ; après avoir administré son diocèse, avec une grande sagesse ; fait imprimer, en 1653, le Rituel de Chalon ; après avoir assisté, en 1655, en qualité de Député de la province de Lyon, à l'Assemblée générale du Clergé de France, il mourut le 1er mai 1658 (1), âgé de soixante cinq ans et demi. Il fut inhumé dans son église cathédrale de Saint-Vincent, à laquelle il avait légué une grande partie de ses biens.

Mais revenons à la *Gallia Christiana*. Le volume in-folio, de Claude Robert, est composé de 781 pages. Les 516 premières pages renferment, entre autres documents, une première dédicace en prose : « Deo et Domino nostro, Votum » c'est-à-dire : à Dieu et à notre Seigneur ; une seconde dédicace, composée de quarante-quatre vers alexandrins : « Divis Galliæ Præsulibus, Votum » c'est-à-dire : aux Evêques de France ; une Épître dédicatoire en

(1) Ce décès de Jacques de Nuchèzes, arrivé en 1658, n'a pas empêché M. Joseph Bard, lorsqu'il a fait l'énumération des établissements pieux et de charité, de la ville de Dijon, de s'exprimer ainsi : « Maison de Sainte-« Marthe, communauté de femmes veuves et de filles pieuses, *établies par « Jacques de Nuchèzes, évêque de Chalon-sur-Saône*, en 1678. » (*Dijon. histoire et tableau*, in-18, 1849, page 158.) Il est vrai que ces lignes ne sont point de l'invention de M. Joseph Bard, il n'a eu que la peine de les copier littéralement dans Courtépée, sans s'inquiéter ni par conséquent vérifier si le Pausanias Bourguignon avait fait ou non une erreur. M. Joseph Bard, ne s'arrête jamais pour si peu.

Cet anachronisme ou plutôt ce parachronisme a échappé, ainsi que bien d'autres encore, à l'érudit M. Roget de Belloguet, lorsque dans son livre intitulé : *Origines Dijonnaises*, — véritable travail de Bénédictin, que l'Académie des Inscriptions et Belles-lettres a récompensé avec justice d'une médaille d'or, — a relevé, avec cet esprit mordant que chacun lui connaît, les mille et une erreurs et les mille et une méprises dont fourmille le livre de M. Joseph Bard, intitulé : *Dijon, histoire et tableau*.

Ce qui a valu ces justes censures à M. Joseph Bard, c'est parcequ'il préfère copier ce que les autres ont écrit au lieu de rechercher et de puiser lui-même ses matériaux dans les documents originaux. Je laisse, nous disait-il naïvement un jour, — car je n'ai pas la patience nécessaire — aux pionniers de votre espèce, le soin difficile et fastidieux de fouiller nos archives poudreuses : naïf aveu qui est au reste pleinement justifié par la plupart des livres de M. Joseph Bard. *Doctus cum libro*.

prose à Jacques de Nuchèzes, évêque de Chalon, ancien élève de Claude Robert; un avertissement au lecteur. Vient ensuite la liste des papes, depuis Saint-Pierre jusqu'à Urbain VIII, c'est-à-dire, depuis le commencement de l'ère chrétienne jusqu'à 1623; puis une liste des anti-papes; celle des empereurs Romains, des rois de France, de Navarre, d'Angleterre, d'Espagne, de la Gaule Narbonnaise, des Visigoths; la liste des conciles tenus en France; un tableau indicatif, pour chaque année, de la lettre dominicale et de la fête de Pâques; des pièces de vers à la louange de Claude Robert, notamment un éloge en vers latins de Claude Enoch Virey (1); et enfin la *Gallia Christiana* proprement dite, c'est-à-dire, la division de la France, et même de la Lombardie, en provinces, en diocèses et en parlements.

Les pages 517 à 662 contiennent: « Abbatiarum « et aliorum quarundam Beneficiorum Galliæ nomen- « clatura, serie litteratum alphabetica. »

Le restant du volume, comprenant cent dix-neuf pages, semble être une annexe à ce qui précède. Cet appendix : « Ad Galiam Christianam », divisé en trois parties, emploie quatre vingt-onze de ces cent dix-neuf pages.

« Prima parte continentur, — dit Jacques Lelong, dans « sa *Bibliothèque historique de France*, — Franciæ can- « cellarii ecclesiæ prælati; — Les Grands Maîtres de

(1) Claude Enoch Virey, est né à Sassenay, près Chalon, en 1560, il fut secrétaire du roi et du prince Henri II de Condé, et maire de Chalon-sur-Saône, en 1628, 1629, 1630, 1633 et 1634; il est mort le 25 juillet 1636, Il a laissé plusieurs ouvrages imprimés et manuscrits, composés en prose et en vers.

« Malthe, les généraux des divers ordres des Chartreux,
« Mathurins, Jacobins, Cordeliers, Augustins, Carmes,
« Minimes, Capucins, Jésuites, enfin le catalogue des pro-
« vinces, des colléges et maisons de cette société dans
« la Gaule française, Belgique et Italique.

« Secunda parte. Aquileienses patriarchæ, grandenses
« Veneti, archiepiscopi Bononienses, Cantuarienses,
« Florentini, Genuenses, Mediolanenses, Taurinenses,
« Toletani, episcopi Patavini.

« L'auteur a cru devoir donner ces suites de prélats
« dont quelques-uns ont rapport à l'histoire de France.

« Tertia parte. Divio, Belna, etc. »

Sous ce titre : *Divio*, Claude Robert a écrit une notice historique sur Dijon, contenant, entre autres documents, la liste des gouverneurs de la Bourgogne, celle des premiers présidents du parlement de Dijon, des vicomtes maires de cette ville, des abbés des monastères de Saint-Bénigne, de Saint-Etienne, etc., ainsi que l'histoire de la Chapelle royale et la liste des doyens de cette église collégiale.

La notice intitulée *Belna* renferme un très court abrégé de l'histoire de Beaune, et la liste des doyens de l'église de cette ville.

Les pages 92 à 101 sont remplies par une dissertation latine intitulée : « De morte pulchra, honesta et pretiosa « digressiuncula. » Puis viennent huit pages *d'errata* et *omissions;* enfin les pages 109 à 119 sont remplies par un *index*, suivi, comme éclaircissement, d'une interprétation de certains noms propres d'hommes Français et Germains, et terminée par une nomenclature de noms de Saints.

Le volume de Claude Robert est orné, au commencement, d'une carte de Bertius (1), qui a pour titre : « Notitia chronographiæ Episcopatuum Galliæ et Galliæ « divisio. »

Nous avons énuméré ce qui est renfermé dans les volumes de Jean Chenu et de Claude Robert, afin que l'on puisse comparer la nature des matières qui y sont contenues. Tout bien examiné et considéré, — et malgré la différence qui existe entre le format in-quarto et le format in-folio, — le volume de Jean Chenu, qui se compose de 757 pages, contient au moins autant de matière relative à l'histoire ecclésiastique de la France, que les 781 pages du volume de Claude Robert ; par la raison toute simple, — ainsi qu'on a pu le reconnaître, — que ce dernier a traité dans son livre plusieurs sujets étrangers à la dite histoire ecclésiastique de la France.

Quoiqu'il en soit, quelques années après la publication de son volume, Claude Robert reconnut que son œuvre était défectueuse et incomplète. Il songea alors à préparer et à publier une seconde édition de son livre ; à cet effet, il fit appel aux érudits de plusieurs provinces de la France, et il recueillit un bon nombre de nouveaux documents. Mais la mort ne lui permit pas d'accomplir son louable dessein. Alors et d'après le vœu même de Claude Robert, MM. de Sainte-Marthe reçurent la mission de publier une nouvelle édition de sa *Gallia Christiana*.

(1) Savant Cosmographe et Historiographe de Louis XIII ; il était né en 1565, il est mort en 1629.

Mais avant de développer plus amplement ce sujet, et avant de faire connaître la part qui revient à chacun des membres de la nombreuse famille de Sainte-Marthe, dans la composition et la publication de la *Gallia Christiana*, nous croyons à propos d'appeler l'attention du lecteur sur les doléances et les récriminations plus ou moins amères, adressées intempestivement à cette famille par les apologistes de Claude Robert ; doléances et récriminations dont le simple exposé des faits fera prompte et entière justice. Procédons par ordre de date.

Nous avons dit dans notre *avant-propos*, que le P. Perry a composé l'*Eloge* de Claude Robert avec le récit rédigé en latin du P. Louis Jacob de Saint-Charles. Il ne peut exister de doute à cet égard, puisque Perry lui-même indique en marge de la page 469 de son livre, la source où il a puisé sa narration. Cette source est ainsi formulée : « Lud. Jac. lib. 1. De Claris script. Cabil. »

D'autre part, le P. Perry, dans la préface de son *Histoire de Chalon-sur-Saône*, témoigne sa reconnaissance envers son ami en ces termes : « Le R. P. Jacob, conseiller et « aumônier du Roy, connu et estimé de tous les sçavants « m'y a rendu de notables services. Vous le verrez et « avoüerez avec moy qu'on ne peut rien voir de plus « obligeant, et que j'ay receu de luy de belles lumières et « de grands secours. »

Il faut encore remarquer que le volume du P. Louis Jacob de Saint-Charles, a été publié en 1652, tandis que ce n'est que sept ans plus tard, en 1659, que le P. Perry a fait imprimer son *Histoire de Chalon*.

Et afin de mieux prouver la ressemblance qui existe entre les récits des deux bons pères, nous allons copier, non pas entièrement ces récits,— car nous ne voulons pas abuser outre mesure de la patience du lecteur,— mais seulement un extrait du texte latin du P. Jacob, et ensuite un extrait du texte en langue française du P. Perry.

Dans son *Eloge* de Claude Robert, — car c'était alors le terme consacré lorsqu'il s'agissait d'écrire la biographie d'un personnage éminent. — Le P. Louis Jacob s'exprime ainsi : « Claudius Robertus presbyter Lingonensis, vir « integritate morum, doctrinæ ubertate et pietate singu- « lari, raraque utriusque historiæ peritià, ac omnium « panoplià scientiarum nostrà ætate perornatus : libri « Galliæ Christianæ operis sanè ingenti eruditione cons- « persi, dignus immortalitate exarator. Noster Robertus, « immenso labore historias ecclesiasticas præsertim Gal- « licas ab exordio ecclesiæ nascentis, usque ad sua « tempora omnium præsulum Galliarum nomenclaturam « congessit , in ordinem digessit, et continuà serie « deduxit. Ad jam litteraria monimenta quæ posteris ad « utilitatem, sibi reliquit ad æternam gloriam, videamus. « Edidit enim ad Jacobum Nuchezium, Cabilonensium « præsulem dignissimum latinè. »

Vient ensuite le titre de la *Gallia Christiana* de Claude Robert. Mais après cela, le P. Jacob, au lieu d'accuser — comme va le faire tout à l'heure le P. Perry — MM. de Sainte-Marthe de s'être emparé de l'œuvre du grand vicaire de Chalon, il attend, au contraire, avec tous les hommes lettrés, la nouvelle édition du livre de Robert que préparent ces savants. Écoutez plutôt le P. Jacob. « Hoc opus « nunquam satis laudatum avidè ab omnibus viris litteratis « expectatur multùm, auctius, et correctius studio et labore « duorum illorum magnorum luminarium historiæ Scæ-« volæ et Ludovici Sammarthanorum fratrum geminorum, « historiographorum regiorum (1). »

Voici maintenant l'extrait de l'*Eloge* de Claude Robert, par le P. Perry. Après nous avoir dit — de même que le P. Jacob — que Claude Robert avait fait à Rome la connaissance des cardinaux Baronius, Bellarmin et d'Ossat, le P. Perry continue ainsi : « On admiroit l'innocence de « sa vie, la pureté de ses mœurs, son profond sçavoir, sa « rare modestie, sa douceur incomparable et sa piété « nompareille (sic).

« Dès ce temps-là, il pensoit déjà à son grand ouvrage « de la *France Chrétienne*, et en faisoit sa principale « occupation. On aura de la peine à croire combien il lui « a cousté de sûeurs et de travaux. Il n'a pas eu les se-

(1) R. A. P. Ludovici, Jacob. De Claris scriptoribus Cabilonensibus, libri III. Parisiis, Sebastianum Cramoisy, MDCLII, pages 87, 88.

Quoique cet ouvrage renferme des faits arrivés vers le temps qu'il a été imprimé, il est à croire cependant qu'il a été composé — du moins en partie — longtemps avant d'être livré à l'impression, car le registre des délibérations du Conseil de Ville de Chalon-sur-Saône, renferme, sous la date du 29 décembre 1621, *la mention suivante* :

« Le sieur maire a dict que le P. Jacob a faict un livre à la louange « de la ville. C'est pourquoy il plaira à Messieurs de dire si on lui don-« nera quelque récompense.

« Luy sera donné, — a répondu le conseil, — ce que Messieurs les « magistrats jugeront à propos. »

« cours et les assistances que d'autres ont eu, et on
« s'estonnera comme un particulier qui n'estoit pas fort
« riche et ne se soucioit guères d'avoir du bien, ait pû
« fournir à la dépense et aux frais qu'il luy a fallu néces-
« sairement faire. Néantmoins il en est heureusement
« venu à bout, et ce bel ouvrage a esté bien accueilly,
« non seulement par les François, mais encore par les
« estrangers. Il est bien aisé d'en parler à quelques-uns
« selon leur humeur ; et s'il en estoit de si insolens qui en
« parlassent à son désavantage et au rabais de ce qu'il
« vaut, je leur dirois volontiers qu'ils prissent la peine
« d'en faire autant. Je suis asseuré qu'ils changeroient
« bien-tost de langage, et en parleroient tout autrement.
« Il est vray que depuis qu'il a paru on a fait d'autres
« découvertes, et pour grandes qu'ayent esté les pré-
« cautions qu'il y a apportées, on y a depuis remarqué
« quelques fautes, que la grandeur de cet ouvrage, et le
« dessein très difficile pour tout sçavoir et pour tout dire,
« rendra en quelque façon excusable, et ne luy fera rien
« perdre de sa valeur.

« Les sieurs de Sainte-Marthe l'ont augmenté de trois
« gros volumes, et en ont acquis une grande réputation,
« et pour sages et judicieux qu'ils ayent esté, les sçavans
« se sont estonnez qu'ils ayent si peu parlé de luy, qu'ils
« ne luy font pas presque l'honneur de le nommer.
« Néantmoins chacun sçait qu'ils n'ont travaillé que sur
« son dessein, et que leur ayant frayé un chemin qui luy
« a cousté bon à défricher, il estoit bien juste qu'ils luy

« en témoignassent plus de reconnoissance qu'on n'en « voit pas dans leur ouvrage (1) »

Maintenant que le lecteur a pu se convaincre que c'est le P. *Louis Jacob* qui a inspiré le P. Perry, nous allons continuer de donner les extraits des panégyristes de Claude Robert qui se sont inspirés à la même source erronée.

L'axiome latin : *Labor improbus omnia vincit*, a-t-il été une négation pour le P. Léonard Bertaut, religieux Minime de Chalon, quand il a voulu s'occuper de Claude Robert ? On ne peut le supposer lorsque l'on a sous les yeux les deux gros volumes in-quarto intitulés : *L'Illustre Orbandale*, dont il est l'auteur. A-t-il voulu alors faire grâce à ses lecteurs de son style ampoulé, boursouflé et même ridicule, que tout le monde lui connaît ? Toujours est-il qu'au lieu de composer lui-même l'*Eloge* de Claude Robert, il a préféré copier mot à mot la plus grande partie du récit du P. Louis Jacob. Ce mode d'opérer est, il est vrai, plus facile et plus tôt fait (2). Mais passons.

Ecoutez maintenant le bibliographe abbé Papillon. « L'ouvrage qui a donné de la réputation à Claude « Robert, dit-il, est intitulé : *Gallia Christiana*, etc. Le « P. Jacob, son ami, assure que l'auteur avoit dessein de

(1) Pages 409 et suivantes de l'Histoire civile et ecclésiastique ancienne et moderne de la ville et cité de Chalon-sur-Saône, etc. composée par le P. Perry, de la Compagnie de Jésus. Chalon-sur-Saône, Philippe Tan, 1659, *in-folio*.

(2) Voyez Illustre Orbandale ou l'Histoire ecclésiastique de la ville et cité de Chalon-sur-Saône, etc., Chalon-sur-Saône, Pierre Cusset, 1662, in-quarto, tome II.

« donner une seconde édition de cet ouvrage. En effet, « M. le Conseiller de la Mare envoya à MM. de Sainte-« Marthe, les matériaux que Robert avoit amassés pour « cette seconde édition. Malgré cette obligation, ces « sçavants auteurs n'ont pas rendu à Claude Robert la « justice qu'ils lui devoient; (le P. Perry leur a déjà fait « ce reproche avant moi) à peine en font-ils mention dans « leur préface. Il est vrai qu'ils ont augmenté considéra-« blement son ouvrage comme on peut le voir dans la « nouvelle édition qu'ils en ont donnée, en 1656, en quatre « volumes in-folio. Mais on a l'obligation à Robert d'avoir « ouvert le premier cette carrière. Les personnes impar-« tiales feront toujours de l'estime de son travail, et « s'étonneront qu'un seul homme ait pu le pousser si « loin. Il y a des fautes à la vérité, mais elles sont « inévitables dans le prodigieux nombre de faits contenus « en cette collection, et MM. de Sainte-Marthe n'en ont « peut-être pas diminué le nombre. . . . .

« Ce fut dans cette ville (Rome), qu'il (Robert), conçut « le dessein de son grand ouvrage de la *Gaule Chrétienne*. « Le cardinal Baronius, à qui il fit part de ce projet, « l'invita à l'exécuter, et lui dit obligeamment qu'il ne « connaissoit personne plus capable que lui de l'entre-« prendre (1). »

Nous ferons remarquer que l'abbé Papillon est mort en

(1) Bibliothèque des auteurs de Bourgogne, par feu l'abbé Papillon, chanoine de la Chapelle-aux-Riches, édition publiée par l'abbé Joly. Dijon, François Desventes, 1745, 2 vol. in-folio, pages 209, 210, 211 du tome II.

1738, et que dès 1731, cinq volumes de l'édition de la *Gallia Christiana* des Bénédictins de la Congrégation de Saint-Maur étaient déjà publiés. Comment se fait-il alors que l'abbé Papillon n'a pas dit un mot de cette mémorable édition? On donnera peut-être pour raison que les auteurs n'étaient point Bourguignons. Mais MM. de Sainte-Marthe ne l'étaient pas davantage que les Bénédictins.

L'érudit et savant bibliographe Goujet, chanoine de Saint-Jacques de l'Hôpital, inspiré en partie par l'abbé Papillon, a, dans le nouveau supplément au dictionnaire historique de Moréri, qu'il a publié en 1749, aussi consacré une notice au grand vicaire de Chalon. « Ce fut à Rome, « dit le chanoine Goujet, qu'il (Claude Robert), conçut le « dessein de son livre qu'il intitula: *Gallia Christiana*, « et qu'il en parla au cardinal Baronius, qui l'excita à « l'exécuter en lui disant qu'il ne connaissoit personne « plus capable que lui d'entreprendre un pareil ouvrage « et de le bien faire.........

« L'ouvrage le plus considérable de Claude Robert est « celui qui a pour titre: *Gallia Christiana*, etc. MM. de « Sainte-Marthe, et depuis eux les Bénédictins, ont considérablement augmenté l'ouvrage; mais Robert a eu « l'honneur de l'invention et de la première exécution. « Il laissa des matériaux pour une seconde édition, dont « MM. de Sainte-Marthe ont profité (1). »

(1) Pages 375, 376 du tome II du Nouveau Supplément au Grand Dictionnaire historique, généalogique, géographique, etc. de Louis Moréri, etc., 2 vol. in-folio, 1749.

Voici le thème de l'abbé Courtépée sur le même sujet. « Jacques de Nuchèzes (nommé évêque de Chalon, en « 1624), qui avoit été son disciple, l'attira en sa ville « épiscopale, lui conféra un canonicat, et le fit son grand « vicaire. C'est alors qu'il entreprit le *Gallia Christiana*, « dont le cardinal Baronius lui avoit inspiré l'idée à « Rome.

« L'abbé Papillon, après le P. Perry, reproche aux « premiers auteurs du *Gallia Christiana*, en quatre vo- « lumes, de n'avoir pas rendu justice à Robert, et d'en « avoir fait à peine mention dans leur préface. On en « trouve cependant dans le tome IV, page 955 de la nou- « velle édition, un court éloge. On a l'obligation à ce savant « d'avoir le premier ouvert cette carrière épineuse ; et la « Bourgogne aura toujours lieu de se glorifier d'avoir pro- « duit un aussi habile homme, qui a inséré dans son « ouvrage plusieurs traits qui regardent notre histoire, « et qui le rendront à jamais précieux (1). »

M. l'abbé Devoucoux, chanoine titulaire d'Autun, membre de la société Eduenne de la même ville, est aussi concis que concluant. « Claude Robert, dit-il, vicaire « général de Chalon, et premier auteur de l'ouvrage qui a

(1) Description générale et particulière du duché de Bourgogne, etc., par M. Courtépée, prêtre, 7 vol. in-12, Dijon, tome IV, 1779, pages 474, 475; et répété mot à mot dans le tome III, page 223 de l'édition publiée à Dijon en 1847-1848, 4 vol. in-8°, par M. Victor Lagier.

« pour titre : *Gallia Christiana*, mourut à Chalon, en « 1637 (1). »

Si M. l'abbé Péquegnot, ancien curé de Rully, à présent curé de Couches-les-Mines et membre de la Société d'histoire et d'archéologie de Chalon-sur-Saône, est plus prolixe que M. l'abbé Devoucoux, il a commis aussi plus d'erreurs ; nous ne relèverons que celles qui sont relatives à la *Gallia Christiana*.

« Jacques de Nuchèzes des Frans, dit M. Péquegnot, « né le 25 octobre 1591, d'une noble famille du Poitou, « était neveu par sa mère de Sainte-Chantal. Il fut élevé « dans la piété et le goût de l'érudition par le célèbre « Claude Robert, premier auteur du savant ouvrage qui « a pour titre : *Gallia Christiana*........

« Mgr de Neuchèzes a été nommé évêque de Chalon, « en 1624 ; il attira son précepteur dans sa ville épis- « copale et le nomma chanoine de Saint-Vincent, grand « vicaire et archidiacre. Ce fut alors que Claude Robert « commença le grand recueil intitulé : *Gallia Christiana*, « dont le cardinal Baronius lui avait inspiré l'idée. Il eut « la gloire d'ouvrir le premier une carrière difficile où le « suivirent ensuite les Pères de Sainte-Marthe et les « Bénédictins de Saint-Maur. »

Puis, dans une *note*, M. l'abbé Péquegnot s'exprime ainsi à l'égard de la *Gallia Chistiana* : « Un volume in-folio

(1) Page LXV de la Notice chronologique sur l'église d'Autun et sur les églises qui lui ont été réunies par le Concordat de 1801 et la bulle *Paternæ caritatis* ; laquelle Notice est placée au commencement du *Rituel du diocèse d'Autun*, seconde édition, in-12, publié en 1841.

« (c'est de l'édition de Claude Robert dont il est ici ques-
« tion), Paris 1626, contenant l'histoire abrégée des dio-
« cèses et des évêchés de France. Louis et Scévole de
« Sainte-Marthe, frères jumeaux, historiographes du roi,
« *continuèrent* cet important ouvrage et le *publièrent*
« en 1666 (1), en quatre volumes in-folio. Les Bénédictins
« en ont donné une nouvelle édition en *douze* (2) volu-
« mes in-folio, Paris, 1728 (3). C'est celle qui est souvent
« citée dans le cours de ce Légendaire (4). ».

Voici à présent la version de M. Louis de Cissey, membre de la Société d'histoire et d'archéologie de Chalon-sur-Saône.

« Nous avons encore remarqué, dit-il, un fragment de
« *dalle funéraire, qui contient* (sic) le nom d'un cha-

(1) Scévole et Louis de Sainte-Marthe n'ont pas *continué* mais *préparé* une nouvelle édition de la *Gallia Christiana*. Ce n'est pas eux non plus qui ont publié cette édition ; mais bien les trois fils de Scévole qui l'ont fait paraître en 1656 et non en 1666, comme l'affirme M. l'abbé Péquegnot qui, en cette circonstance, a commis trois erreurs.

(2) C'est une erreur. Les Bénédictins ont publié, — comme tout le monde le sait, — *treize* volumes sur *seize*, dont devait se composer l'ouvrage, et non *douze* comme M. Péquegnot l'a imprimé à tort.

(3) En lisant ce millésime on peut supposer que les *treize* volumes de la *Gallia Christiana* ont été publiés ensemble en 1728 : il n'en est rien. La publication a commencé en 1715, et le tome quatrième porte seul la date de 1728. Ce volume renferme l'histoire ecclésiastique de la province de Lyon, qui se composait alors de l'archevêché de Lyon, des diocèses d'Autun, de Langres, de Chalon et de Mâcon. M. Péquegnot ayant consulté seulement ce tome *quatrième*, a conclu, sans doute, que les autres volumes portaient le millésime de 1728.

(4) Pages 383, 465, 466 du tome Ier du *Légendaire d'Autun*, etc., par M. l'abbé F. E. Péquegnot, curé de Rully, etc., 2 vol. in-12, 1845.

« moine appelé Claude Robert, nom modeste, nom « inconnu, que les auteurs de la Biographie universelle (1) « d'un accès si facile pour tant de médiocrités, n'ont pas « jugé digne d'un article particulier; cependant il méritait « mieux que cela de la postérité......

« C'était un homme doux, modeste, et dont l'extrême « simplicité n'était égalée que par la profonde érudition; « aussi était-il chéri et véritablement admiré par ses « contemporains, qui louaient à l'envi sa candeur, ses « vertus aimables et la puissance d'une science également « féconde sur toutes les questions qu'il traitait. Dans un « immense travail, dont l'idée lui avait été inspirée à « Rome, par le savant cardinal Baronius, digne appré-« ciateur de son mérite, Claude Robert avait reconstruit « l'histoire ecclésiastique de tous les évêchés de toutes « les Gaules, depuis l'origine de chacune de ces églises « jusqu'au XVII siècle, donnant les noms et la vie de « chaque prélat, et démêlant des annales régulières parmi « des dates incohérentes et dans un chaos jusque-là « inétudié. La *Gallia Christiana* parut le 16 mai 1626.

« Cet ouvrage prodigieux excita une admiration pro-« fonde et réfléchie, telle, que l'un de ses contemporains « pouvait s'écrier sans trop d'emphase, car cette pensée « était partagée par tous : « La science de Claude Robert « sera louée par la postérité la plus reculée; son nom

(1) C'est une erreur. Voir Michaud, *Biographie universelle*, tome XXXIX, page 552. Si M. de Cissey eut connu l'article de Michaud, il eut sans doute modifié les jugements de son récit.

« est gravé dans la mémoire des hommes pour toujours, « et passera de génération en génération ! »

« *Quidam merentur famam quidem habent !* répond « éloquemment Juste Lipse. Claude Robert méritait en « effet la renommée qu'on lui promettait : d'autres l'ont « obtenue !

« La *Gallia Christiana*, ouvrage colossal, trop immense « pour les forces d'un seul homme, était nécessairement « incomplet (*sic*); MM. de Ste-Marthe le devinèrent, s'ap- « proprièrent l'œuvre du chanoine de Chalon, et en don- « nèrent une nouvelle édition, où fut omis jusqu'au nom « de son premier auteur ! Ils lui ravirent ainsi cette « gloire que ses contemporains croyaient si bien assurée; « et pour retrouver aujourd'hui les traces de Claude « Robert, l'on feuillette en vain les pompeux éloges des- « tinés à MM. de Sainte-Marthe; nous y avons une seule « fois rencontré ce nom complètement oublié (1). »

M. Socard, bibliothécaire adjoint de la ville de Troyes, s'exprime ainsi dans sa *Notice historique sur Claude Robert* : « Eh bien ! il meurt après avoir mis au jour sa « *Gallia Christiana*, ouvrage de huit cents pages in-folio « environ. Il laisse en outre de nombreux matériaux « amassés par lui pour une seconde édition. Les frères « Scévole III et Louis de Sainte-Marthe reçoivent de M. le « conseiller de la Mare ce précieux dépôt. Ils construisent

(1) Louis de Cissey. *Souvenirs historiques sur l'église St-Vincent de Chalon*; insérés dans le premier volume des mémoires de la Société d'histoire et d'archéologie de Chalon-sur-Saône, 1846, in-8°, pages 135, 136, 137.

« sur le même plan un ouvrage, à la vérité, beaucoup « plus considérable, mais le plan était fait, l'édifice avait « déjà atteint les proportions d'un monument, des maté- « riaux restaient encore à employer. Robert en est donc le « véritable architecte. MM de Sainte-Marthe sont venus « ensuite ; ils ont donné à l'édifice de magnifiques « augmentations, mais voilà tout. Leur part était assez « belle dans l'histoire, et l'éclat de leur nom n'aurait point « pâli devant l'aveu des obligations qu'ils avaient à « Robert. On a donc raison de s'étonner avec tous les « savants, que les frères Sainte-Marthe n'aient pas rendu « à ce modeste auteur la justice qu'ils lui devaient. C'est « à peine s'ils lui font l'honneur de le nommer dans leur « livre.......... Oui, Robert peut avec vérité reven- « diquer comme siens tous les différents accroissements « de sa *Gallia Christiana*, et invoquer en sa faveur cette « maxime de droit : *fundus tollit superficiem*. »

Après avoir analysé le volume de Claude Robert, M. Socard continue ainsi : « On s'étonne en le parcourant qu'un « seul homme ait pu le pousser aussi loin. Il est vrai de « dire que quelques erreurs s'y sont glissées, mais pou- « vait-il en être autrement dans une si prodigieuse « quantité de faits, lorsque nous voyons MM. de Sainte- « Marthe eux-mêmes ne pouvoir se soustraire à cette « fatale nécessité : encore avaient-ils profité d'un premier « travail (1). »

(1) *Notice historique sur Claude Robert*, auteur de la Gallia Christiana, par M. Socard, bibliothécaire-adjoint de la ville de Troyes, in-8°, 1853, pages 8, 9, 11.

Ecoutez maintenant le langage de M. Abel Jeandet, de Verdun-sur-Saône. « Claude Robert, dit-il, digne d'un « prix académique, comme auteur de l'ouvrage le plus « savant sur l'histoire de France, vécut inconnu au fond « de la Bourgogne (1). Il était grand vicaire de l'évêché « de Chalon-sur-Saône, et chanoine, grand archidiacre « de l'église Saint-Vincent de cette ville, où il composa la « *Gaule Chrétienne*......

« La *Gallia Christiana* de Claude Robert, fut éditée « en 1626, à Paris, par le célèbre Sébastien Cramoisy, « directeur de l'imprimerie royale du Louvre. Dans cet « in-folio de plus de six cents pages, fruit d'un travail, « auquel une de nos sociétés académiques tout entière ne « pourrait suffire, le modeste chanoine de Chalon-sur- « Saône avait construit, de fond en comble, avec des « matériaux jusqu'alors informes et incohérents, l'édifice « de l'histoire ecclésiastique de tous les évêchés des « Gaules, depuis leur origine jusqu'au XVIIe siècle. On « a peine à comprendre comment un seul homme a pu « accomplir une telle œuvre........

« Trente années après la publication de la *Gaule Chré-* « *tienne* de Claude Robert, MM. de Sainte-Marthe en « firent paraître une nouvelle édition, véritablement revue « et augmentée, en quatre volumes in-folio, 1656. « Seu-

(1) C'est une erreur. Claude Robert n'a habité la Bourgogne, à Chalon, que de la fin de l'année 1624 au 17 mai 1637, c'est-à-dire, seulement les treize dernières années (moins six mois) de sa vie. Ce ne fut aussi que pendant ce laps de temps qu'il fut revêtu des dignités dont M. Abel Jeandet fait l'énumération.

« lement les sçavants se sont bien estonnez, dit Perry, « qu'ils ayent si peu parlé de luy (Claude Robert), qu'ils « ne luy font pas presque l'honneur de le nommer. »

« Ce bon P. Perry, ajoute M. Abel Jeandet, eut été « bien autrement scandalisé de la conduite de MM. de « Sainte-Marthe envers le laborieux grand archidiacre « Chalonnais, s'il eut su que ces savants, peu scrupuleux « sur le droit de propriété littéraire, avaient eu à leur « disposition les nouveaux matériaux que Claude Robert « avait amassés pour la seconde édition de son ouvrage. »

La suite de notre récit prouvera jusqu'à la dernière évidence que cette accusation de vol littéraire n'avait aucun fondement. Mais passons.

« Après Claude Perry, en 1659, ajoute encore M. Abel « Jeandet, après l'abbé Papillon, en 1742, qui se sont « efforcés de restituer au docte Robert, la propriété de sa « *Gaule Chrétienne*, usurpée par MM. de Sainte-Marthe, « je suis encore forcé, moi infirme (sic), de rentrer dans « la lice en l'an de grâce 1856, pour proclamer que « Claude Robert est bien le seul et véritable auteur de la « *Gallia Christiana* (1). »

(1) Abel Jeandet, de Verdun-sur-Saône. Lettre sur la *Gallia Christiana*, publiée d'abord dans le journal la *Science*, de Paris, et plus tard, le 12 novembre 1856, dans le *Courrier de Saône-et-Loire*.

De même que ses devanciers, M. Abel Jeandet, assure que ce fut à Rome que Robert conçut le dessein de sa *Gallia Chistiana*, et que le cardinal Baronius l'engagea à entreprendre la publication de cet ouvrage.

A cela nous observerons que Claude Robert était en Italie avec son élève André Fremyot, pendant les dernières années du XVIe siècle;

M. Abel Jeandet se plaint en outre de l'oubli dans lequel « la plupart de MM. les Biographes, si hospitaliers « pour les hauts et puissants seigneurs ont » laissé Claude Robert ; et pourtant, dans le cours de cette Étude bibliographique, nous signalons plus de vingt de ces biographes, — et ce n'est pas rien, — qui se sont occupés du grand vicaire de Chalon-sur-Saône.

Mais arrêtons nous. Car il serait superflu et surtout par trop fastidieux de donner ici de nouveaux extraits des auteurs qui ont écrit que Claude Robert est le premier inventeur, le créateur de la *Gallia Christiana*. Nous allons seulement indiquer les noms de quelques écrivains que nous connaissons encore, et qui ont tenu le même langage erroné des auteurs dont nous venons de donner des extraits, ainsi que le titre de leurs ouvrages ; considérant comme inutile de reproduire des passages de ces ouvrages puisqu'ils répètent tous le même texte fautif puisé à la même source. Voici les noms de ces quelques auteurs et les titres de leurs livres.

Vignier. Chronica Lingonensis ;

Pierre de Saint-Romuald. Journal Chronologique ;

Jean Guénébauld. Reveil de Chindonax ;

Boëcler. Bibliograp., Critica, éd. de Leipsick, 1716 ;

Du Saussay. De Mysticis Gall. Scriptor. ;

Dupin. Catalogue des auteurs ecclésiastiques ;

qu'à cette époque il rentra en France, où il résida jusqu'à son décès ; et que le cardinal Baronius est mort vingt ans avant la publication de la *Gallia Christiana* de Claude Robert.

Cl. Xav. Girault. Essais historiques et biographiques.

Sans compter la longue liste d'ouvrages indiqués par le P. Louis Jacob, dans lesquels il est question de Claude Robert et de sa *Gallia Christiana*.

La conclusion que l'on peut tirer tout naturellement de la lecture des extraits que nous venons de copier, — et qui se ressemblent si bien, — c'est que tous les auteurs de ces écrits n'ont jamais vu ni connu un seul volume des diverses éditions de la *Gallia Christiana*, — surtout l'édition des Bénédictins, — et que par conséquent ils n'ont pas lu une seule ligne, un seul mot de cet ouvrage; de cet ouvrage sur lequel ils ont pourtant composé de si beaux panégyriques si pleins d'erreurs. Car s'ils l'avaient connu, s'ils l'avaient lu, ils y auraient trouvé tout le contraire de ce qu'ils ont écrit, ils y auraient vu combien leurs imputations étaient fausses. Mais n'anticipons pas. Nous faisons cependant une exception à l'égard du P. Jacob et de M. Socard, au sujet du volume de Claude Robert seulement, qu'ils ont connu et dont ils ont fait chacun la description.

Arrivons maintenant à la *Gallia Christiana* de MM. de Sainte-Marthe.

Claude Robert, ainsi que nous l'avons vu, avait publié sa *Gaule Chrétienne* en 1626. Bien que ce livre, — au dire même de ses panégyristes, — ait fait l'admiration du monde savant, Claude Robert reconnut bientôt, cependant, que cet ouvrage *prodigieux*, *colossal*, — pour nous servir des expressions de ses apologistes, — était incomplet et défectueux : les panégyristes du grand vicaire de Chalon le reconnaissent eux-mêmes, quoiqu'ils n'aient jamais vu le volume sur lequel ils ont écrit. Claude Robert songea alors à donner une seconde édition de sa *Gallia Christiana ;* à cet effet, — ainsi que nous l'avons déjà dit, — il fit appel aux érudits des principales provinces de la France, et il recueillit un bon nombre de nouveaux matériaux. Mais sa vieillesse maladive lui faisant sentir qu'il ne pouvait donner à cette seconde édition toute l'étendue que le sujet comportait, Robert fit prier avec instance ses amis MM. de Sainte-Marthe, de se charger de ce travail. De son côté Jacques de Nuchèzes, évêque de Chalon, à la sollicitation de Claude Robert, adressa aussi à ces savants la même prière : tout cela est relaté dans la préface en latin que MM. de Sainte-Marthe ont placée au commencement du premier volume de leur *Gallia Christiana* publiée en 1656. D'autre part encore, voici un témoignage d'une grande autorité et qu'on ne peut récuser, puisqu'il émane de l'Assemblée générale du Clergé de France, où siégeaient les membres les plus éminents de l'épiscopat Français.

Claude Robert « s'apercevant sans peine, a dit Mgr « l'archevêque de Narbonne, que le recueil n'étoit pas « assez ample, il *exhorta* sur la fin de ses jours Messieurs « de Sainte-Marthe à faire ce qu'il n'avoit pu exécu- « ter (1) »

(1) Extrait du Procès-verbal de l'Assemblée générale du Clergé de France, déjà cité page 14.

Ces célèbres savants ayant accepté cette délicate et laborieuse mission, Claude Robert confia à M. de la Mare (1), quoiqu'il fut fort jeune alors, pour les remettre à MM. de Sainte-Marthe, les matériaux qu'il avait recueillis pour la seconde édition de son livre.

« .... C'étoit donc aux célèbres jumeaux Scévole et « Louis de Sainte-Marthe, ajoute Mgr de Narbonne, que « cette gloire étoit réservée avec d'autant plus de justice « que Jean Chenu et Claude Robert ont reconnu leur être « redevables d'une partie de ce qu'il y a de meilleur dans « leurs ouvrages (2). »

Alors, Scévole et Louis de Sainte-Marthe (3) s'occupèrent incessamment de réunir et de compléter les documents nécessaires à l'édition qu'ils préparaient de la *Gallia Christiana*; et dans l'Assemblée générale du Clergé

(1) Philibert de la Mare, seigneur de Chévigny, né à Dijon, le 13 décembre 1615, était fils de Pierre de la Mare, maître des comptes, et de Claudine Rondot. Philibert, acquit très jeune une vaste érudition, et composa un grand nombre d'ouvrages estimés. Reçu conseiller au Parlement de Bourgogne, le 11 décembre 1637, il épousa le 3 juillet 1640, Marie Berbis. Il est mort le 16 mai 1687, dans la soixante treizième année de son âge.

(2) Extrait du Procès-verbal de l'Assemblée générale du Clergé de France, cité plusieurs fois.

(3) Scévole et Louis Gaucher dit de Sainte-Marthe, frères jumeaux, nés à Loudun, le 20 décembre 1571. Scévole était seigneur de Méré-sur-Indre, et Louis était seigneur de Gerlot. Scévole se maria; mais Louis embrassa l'état ecclésiastique. Ils étaient semblables de corps et d'esprit, et ils passèrent leur vie ensemble dans l'union la plus parfaite. Ils furent tous deux conseillers du roi et historiographes de France. Scévole est mort le 7 septembre 1650, dans sa soixante dix-neuvième année, Louis est décédé le 29 avril 1656, âgé de plus de quatre-vingts quatre ans. Ils sont auteurs de plusieurs ouvrages estimés.

de France, convoquée en 1645, ils « firent part de leur « dessein à ladite Assemblée, et lui présentèrent l'Epître « dédicatoire du livre qui commençoit à être sous presse. « Qu'en effet, pour employer les termes du procès-verbal « du 8 janvier 1646, l'Assemblée bien informée du mérite « desdits sieurs de Sainte-Marthe, et des avantages qui « peuvent revenir à l'Eglise de l'impression de leurs « livres, a arrêté qu'ils seront conviez de la faire conti- « nuer incessamment ; et pour marque de son estime, et « les dédommager aucunement des frais de ladite impres- « sion, a résolu qu'il leur sera fait un présent de six « mille livres.

« Qu'animez par ces marques de l'estime du Clergé, « ils redoublèrent leurs soins pour la consommation de « leur entreprise; mais qu'étant décédez avant l'Assemblée « tenue en 1655 et 1656, ils laissèrent à Pierre, Abel et « Nicolas de Sainte-Marthe (1), tous trois fils de Scévole

(1) Pierre Scévole, Abel Louis et Nicolas Charles Gaucher de Sainte-Marthe, travaillèrent avec ardeur à l'édition de la *Gallia Christiana* commencée par leur père Scévole et leur oncle Louis. Cette entreprise les mit dans le cas de faire de longs et dispendieux voyages dans la plupart des provinces de France, et même à l'étranger. Ils recueillirent dans les archives des principales églises de nombreux documents originaux.

Pierre Scévole, né en 1618, succéda à son père, en 1643, dans sa charge d'historiographe du roi. Il éprouva des pertes considérables occasionnées par ses recherches historiques; il mourut, abreuvé de chagrins de toutes sortes, le 9 août 1690.

Abel Louis, né en 1621, fut d'abord avocat, puis prêtre de l'Oratoire, en 1642; il devint général de son ordre, en 1672. Le 14 septembre 1696, il se démit de cette charge et se retira à Saint-Paul-aux-Bois, près Soissons, où il mourut le 8 avril 1697. Ce fut Abel Louis qui fut chargé de revoir les

« et neveux de Louis, l'honneur et l'avantage de pré-
« senter à ladite Assemblée le livre de *Gallia Christiana*
« dont l'édition venoit d'être achevée.

« Qu'alors l'Assemblée nomma des commissaires pour « examiner le livre avant de permettre qu'il parût sous le « nom du Clergé, et que ces commissaires (qui furent « Messeigneurs Pierre de Marca, archevêque de Toulouse, « Antoine Godeau, évêque de Vence, François Bousquet, « évêque de Montpellier, et Messieurs les abbez de Ber- « thier, d'Espeisses et Lemoyne, personnages d'une très « grande réputation), aïant donné des approbations « autentiques (sic) à cet ouvrage, l'Assemblée le reçut « avec les éloges qui lui étoient dûs et à ses auteurs : « joignant à ces éloges une pension annuelle de cinq cents « livres pour chacun des trois frères, héritiers de Scévole « et de Louis de Sainte-Marthe (1) »

Comme corollaire, — et bien qu'il n'ait pas indiqué la source où il a puisé ses renseignements, — nous allons

textes, de polir le style et de composer l'épître dédicatoire et la préface de la *Gallia Christiana* de 1656.

Nicolas Charles, né en 1623, était prieur de Chaunai, conseiller et aumônier du roi. Ce fut à son retour d'un voyage en Angleterre, qu'il mourut, selon les uns le 3, selon les autres le 6 février 1662, à l'âge de trente neuf ans.

Pierre Scévole et Abel Louis travaillèrent ensemble à un ouvrage d'une grande étendue, qui devait embrasser l'histoire complète de toutes les églises de la Chrétienté. Ils en publièrent le plan et le programme en 1664, dans le format in-folio, sous le titre de *Orbis Christianus*, etc.

(1) Extrait du Procès-verbal de l'Assemblée générale du Clergé de France, cité plusieurs fois.

reproduire ce que Michaud a dit dans sa *Biographie universelle* au sujet de Claude Robert et de sa *Gallia Christiana*.

« Jean Chenu, de Bourges, dit Michaud, et Claude « Robert, prêtre du diocèse de Langres, mort en 1637, « s'étaient occupés de faire connaître les archevêques et « les évêques qui ont gouverné les églises de France, « depuis l'établissement du Christianisme. L'ouvrage de « Robert, imprimé en 1626, in-folio, quoique plus « étendu que celui de son devancier, laissait beaucoup « à désirer, et ce fut lui qui détermina les frères de « Sainte-Marthe à se charger d'un travail au-dessus de « ses forces (1). »

Ajoutons encore ceci, qui peint si bien la noblesse du caractère et la probité de MM. de Sainte-Marthe. « Unde nul« lus vitio vertet, quod in alienam messem, falcem immit« tere, et docti nobisque conjunctissimi viri Roberti gloriam « tentaverimus obscurare (2). » On est porté à penser, lorsque on a lu cet extrait de leur préface, que MM. de Sainte-Marthe semblaient pressentir les accusations dont ils seraient un jour l'objet.

L'édition de 1656 de la *Gallia Chistiana*, honorée de la haute approbation et du puissant patronage du Clergé de France, et si généreusement remunérée par lui, formait quatre gros volumes in-folio. Ces volumes ont pour

(1) Michaud. *Biographie universelle*, etc., tome XXXIX, page 552.

(2) Préface du premier volume de la *Gallia Christiana*, publiée en 1656, par MM. de Sainte-Marthe.

titre : Gallia Christiana, qua series omnium Archiepiscoporum, Episcoporum et Abbatum Franciæ vicinarumque ditionum, ab origine Ecclesiarum ad nostra tempora, per quator tomos deducitur. Lutetiæ Parisiorum, apud Petrum Ménard, 1656.

Le premier volume contient les archevêchés; le deuxième et le troisième renferment les évêchés ; le quatrième volume est consacré aux abbés et aux abbayes. Ce volume est orné d'une carte géographique de la France, divisée en archevêchés, en évêchés et en abbayes. La matière de cette édition est classée par ordre alphabétique : ce qui en rendait l'usage peu commode.

« On y trouvoit, dit l'archevêque de Narbonne, ce qu'il « y a de plus remarquable dans l'histoire ecclésiastique de « France (suivant les anciennes limites des Gaules, que « forment la Méditerranée, l'Océan, le Rhin, les Alpes et « les Pyrénées), et les actions dignes de mémoire de « chacun de ses évêques, dont les uns sont devenus si « célèbres par le martyre, d'autres par leurs miracles et « l'austérité de leur vie ; un grand nombre par leur doc- « trine et par leurs travaux pour la défense de la foi ; « d'autres par la pourpre romaine, dont leur mérite a « été récompensé par plusieurs princes et même frères « de nos rois, chanceliers, ministres d'Etat, ambassa- « deurs : tous enfin, ou illustres par la noblesse de leur « sang, ou par celle de leur vertu, noblesse encore plus « désirable. Que de ce grand nombre de pontifes, il s'est « formé dans la *Gallia Christiana* un concile de tous les

« siècles de l'église Gallicane, composé de plus de trente « mille évêques, suivant la remarque des trois frères dans « leur harangue à l'Assemblée en 1656 (1). »

Cependant, le P. Le Cointe, savant Oratorien (2), affirme qu'il a trouvé plus de sept mille fautes ou erreurs dans ces quatre volumes. A qui attribuer ces fautes? A Jean Chenu? A Claude Robert? A MM. de Sainte-Marthe? Triple question difficile, pour ne pas dire impossible, à résoudre. Il est à croire toutefois que chacun de ses auteurs a une quantité plus ou moins considérable de ces fautes à se reprocher.

Quoiqu'il en soit, c'est cette édition de 1656, en quatre volumes in-folio, que les apologistes de Claude Robert reprochent avec tant d'amertume à MM. de Sainte-Marthe. Nous avons exposé les faits, chacun pourra apprécier ce qu'il y a de fondé dans les accusations formulées par les panégyristes du grand vicaire de Chalon-sur-Saône.

Résumons-nous, et comparons maintenant la conduite de Claude Robert envers Jean Chenu, avec la conduite de MM. de Sainte-Marthe envers Claude Robert.

Jean Chenu, a publié en 1621, son volume in-quarto,

(1) Charles Le Cointe, prêtre, l'un des membres les plus distingués de l'ordre de l'Oratoire, né à Troyes, en 1611. C'est lui qui dressa les préliminaires de la paix et qui rédigea la plupart des mémoires pour le célèbre traité de Munster, signé le 8 septembre 1648, qui mit fin à la guerre dite de *Trente ans*. Le P. Le Cointe est mort dans la maison de l'Oratoire de Paris, le 18 janvier 1681.

(2) Extrait du Procès-verbal de l'Assemblée générale du Clergé de France, cité plusieurs fois.

intitulé : Archiepiscoporum et Episcoporum Galliæ Chronologica historia, etc.; cinq ans plus tard, en 1626, du vivant de Jean Chenu, — puisque cet historien n'est mort qu'en 1627, — Claude Robert fait paraître son volume in-folio, renfermant — sauf quelques additions, la plupart étrangères à l'histoire ecclésiastique de la France, — la même matière que celle contenue dans le volume de Jean Chenu. En tête du livre du grand vicaire de Chalon, il y a une longue liste de noms d'auteurs et de personnes qui, — selon Claude Robert, — lui ont fourni la matière de son livre. Compulsez avec soin cette longue liste de noms, et vous y chercherez en vain celui de Jean Chenu ; c'est aussi en vain que vous chercherez ce nom dans les autres parties du volume : vous ne l'y trouverez pas.

Néanmoins, Claude Robert, dans son avertissement au lecteur, dit ceci : « J'avois seulement l'intention de « tracer ce qu'il y avoit à faire dans un travail de ce « genre, d'après ce qui étoit déjà fait ; mais cédant aux « avis, aux exhortations, aux ordres de l'illustre patriar- « che André Fremyot, j'ai osé aller plus loin. »

Est-ce au livre de Jean Chenu que Claude Robert a voulu faire allusion lorsqu'il a écrit ces mots : *d'après ce qui étoit déjà fait ?* Nous sommes porté pour l'affirmative, avec d'autant plus de raison, qu'il est à croire que André Fremyot, archevêque de Bourges, peu satisfait sans doute, de la manière dont Jean Chenu avait traité l'histoire ecclésiastique de la France, notamment l'histoire de l'église de Bourges, a exhorté, invité son ancien précepteur, devenu grand vicaire de Chalon-sur-Saône, à publier une édition plus complète de l'histoire de la Gaule Chrétienne.

Vous avez, Messieurs les apologistes du grand vicaire de Chalon, en quelque sorte, accusé MM. de Sainte-Marthe de plagiat et même de vol! Quel titre, quelle qualification attacherez-vous, à présent que vous connaissez la vérité, au nom de Claude Robert?

Poursuivons. Lorsque Claude Robert eut publié le livre qui porte son nom, il reconnut que cette œuvre était défectueuse et incomplète. Il songea alors à recueillir de nouveaux matériaux pour une seconde édition. Mais, comme un travail aussi considérable était au-dessus des forces de sa vieillesse maladive, il pria instamment lui-même, — ainsi que le fit aussi Jacques de Nuchèzes, évêque de Chalon, — MM. de Sainte-Marthe de « faire, dit « Mgr l'archevêque de Narbonne, ce qu'il n'avoit pu « exécuter. » Ces savants ayant accepté cette laborieuse et délicate mission, Claude Robert chargea M. de la Marc de remettre à ces Messieurs les matériaux qu'il avait déjà amassés : cela se passait en 1637, époque de la mort (1) de Claude Robert. MM. de Sainte-Marthe, désirant faire une œuvre complète et durable, trouvant

(1) M. L. Chevalier, dans son *Histoire de Bar-sur-Aube* 1851, page 281, après avoir fait naître à tort Claude Robert dans cette ville, le fait mourir le 10 mai 1636. Ce qui est une double et même une triple erreur, que M. L. Chevalier a puisée dans le *Dictionnaire historique* de Feller.

les matériaux légués par Claude Robert insuffisants, cherchèrent et recueillirent de leur côté, et cela à grands frais, de nouveaux documents : ils employèrent dix-neuf ans à les réunir. Ce ne fut qu'après y être encouragés par l'Assemblée générale du Clergé de France, qu'ils firent enfin paraître, en 1656, l'édition en quatre volumes in-folio, de la *Gallia Chistiana* qui porte leur nom. Et quoique les trois quarts au moins des matériaux de ces quatre volumes fussent le fruit de leurs recherches ; quoiqu'il y eut dix-neuf ans d'écoulés depuis la mort de Claude Robert, MM. de Sainte-Marthe déclarèrent néanmoins dans leur préface qu'ils devaient une partie de la matière de leurs quatre volumes à Claude Robert. C'est donc à tort qu'on les a taxés d'ingratitude, et qu'on les a accusés de s'être emparé de l'œuvre du graud vicaire de Chalon, sans daigner à peine citer son nom. MM. de Sainte-Marthe n'ont rien pris et rien usurpé ; ils ont été seulement les légataires et les exécuteurs testamentaires de Claude Robert : voila tout.

En présence de tout ce qui précède, que deviennent alors les beaux et ronflants panégyriques de Claude Robert ? Ne serait-il pas juste et loyal de les appliquer, du moins en grande partie, à Jean Chenu, puisqu'il est le premier, le véritable créateur de la *Gallia Christiana ?*

« Mais il faut que justice se fasse ! ! » s'écrie M. Abel

Jeandet. C'est ce que nous avons essayé de faire en composant cette *Etude bibliographique*. Avons nous réussi ? Nous l'espérons.

SECONDE PARTIE.

II

Quelque informe et incomplète que soit une œuvre à son origine, on doit néanmoins de la reconnaissance à celui qui l'a conçue et créée. Honneur donc à Jean Chenu pour avoir été le créateur, le premier auteur de la *Gallia Christiana* ! Honneur aussi à Claude Robert pour avoir étendu cet ouvrage, et malgré sa conduite envers l'avocat-historien de Bourges ; mais surtout honneur à Louis et à Scévole de Sainte-Marthe et aux trois fils de ce dernier, pour avoir, en suivant la voie ouverte par Jean Chenu, publié, en l'augmentant considérablement, une nouvelle édition de l'œuvre de ce savant modeste et éminent.

Mais laissons dormir en paix, mais non dans l'oubli, car se serait de l'ingratitude, les trois premières éditions de la *Gallia Christiana*, pour nous occuper exclusivement de l'édition qui leur a seule survécu, de celle publiée par les Bénédictins de la Congrégation de Saint-Maur, et qui forme cet impérissable monument historique connu seulement du monde savant.

« Ce monument d'érudition historique désigné sous

« le titre de *Gallia Christiana*, dit M. Abel Jandet, n'a « pas été commencé par les Bénédictins de Saint-Maur « et n'est pas resté inachevé (1). »

Ces quelques lignes sont grosses d'erreurs ; et pour les avoir écrites, il faut n'avoir jamais vu ni tenu l'ouvrage dont on a voulu faire l'histoire. Mais les faits parleront bien assez haut d'eux-mêmes, sans nous arrêter à relever ces erreurs.

Quoique fautive et incomplète, l'édition en quatre volumes in-folio de la *Gallia Christiana*, publiée en 1656, par MM. de Sainte-Marthe, était devenue très rare ; cette disette d'un ouvrage dont on avait reconnu l'importance et l'utilité, faisait sentir chaque jour aux esprits sérieux la nécessité de publier une nouvelle édition de la *Gallia Christiana*, mais beaucoup plus complète et plus exacte que la précédente.

Les trois fils de Scévole de Sainte-Marthe avaient projeté la publication d'une nouvelle édition corrigée et augmentée de leur ouvrage ; à cet effet, ils recueillirent de nouveaux et nombreux matériaux, mais la mort de Charles Nicolas de Sainte-Marthe, le plus jeune des trois frères, arrivée en 1662, et les emplois, auxquels Abel Louis fut appelé par ses supérieurs, firent abandonner le projet de cette publication. Le P. Maximilien de Sainte-Marthe, de l'ordre de l'Oratoire et parent des trois fils de Scévole, essaya de reprendre l'œuvre ainsi délaissée. Mais ayant reconnu qu'un travail de cette importance

(1) Abel Jeandet. Lettre sur la Gallia Christiana, déjà citée.

était beaucoup au-dessus des forces d'un seul homme, il abandonna à son tour l'entreprise, et il remit tous les matériaux au P. Denis de Sainte-Marthe, l'un des membres de cette illustre et nombreuse famille de savants.

Denis, né en 1650, était fils de François II de Sainte-Marthe, seigneur de Chandoiseau. Denis avait dix-sept ans à peine, lorsqu'il entra, en 1667, dans la célèbre Congrégation des Bénédictins de Saint-Maur, à l'abbaye de Saint-Germain-des-Prés. Doué d'une rare facilité d'esprit et de conception, il se fit bientôt remarquer par sa vaste érudition parmi ces savants illustres au milieu desquels il vivait.

Lorsque le P. Denis de Sainte-Marthe eut reçut de son parent et ami le P. Maximilien, les matériaux destinés à une nouvelle édition de la *Gallia Christiana*, il accepta la difficile et pénible tâche de conduire à bonne fin cette importante publication ; considérant cette mission comme un héritage appartenant à sa famille : Noblesse oblige ! Il associa alors plusieurs Bénédictins ses confrères à son entreprise, et ils travaillèrent tous avec ardeur à recueillir, à déchiffrer, à compulser les nouveaux matériaux qui étaient nécessaires à la perfection de l'œuvre.

Le P. Denis de Sainte-Marthe fit agréer par le Chapitre général de la Congrégation de Saint-Maur, tenu à Marmoutiers, en 1708, son projet de refondre la *Gallia Christiana*. Alors l'assemblée fit choix parmi ses membres de ceux qui, par leurs lumières et leur dévouement, pouvaient le mieux seconder le P. Denis de Sainte-Marthe;

elle jeta les yeux notamment sur Dom Martenne l'un des religieux les plus érudits de l'ordre, et le chargea d'aller fouiller les archives des églises de plusieurs provinces de la France. Dom Martenne se mit en route le 11 juillet 1708; il parcourut, seul d'abord, le Poitou, le Berri, le Nivernais et une partie de la Bourgogne. En 1709, il s'associa Dom Ursin Durand, membre éminent, comme lui, de la Congrégation de Saint-Maur. Ils visitèrent ensemble la Champagne, la partie de la Bourgogne que Dom Martenne n'avait pas encore explorée, la Franche-Comté; puis une partie du Lyonnais, ensuite le Dauphiné, le Languedoc, la Guyenne, le Limousin, le Blésois, l'Orléanais, la Picardie, le Pays-Messin, la Lorraine, l'Alsace, la Flandre, etc. Partout, ils reçurent l'accueil le plus empressé et le plus distingué; et partout, chacun s'empressa à l'envi de mettre à leur disposition les documents manuscrits, les titres originaux renfermés depuis des siècles dans les cartulaires des églises et des communautés religieuses.

Le voyage des deux savants Bénédictins dura plus de cinq années; ils rentrèrent à Paris, au mois de novembre 1713, chargés d'un riche et précieux butin.

« Ils ont parcouru près de cent évêchez, et plus de « huit cents abbayes pour y chercher les mémoires « nécessaires à la nouvelle édition du *Gallia Christiana* à « laquelle on travaille dans leur Congrégation; et ils ont « eu la consolation de trouver la plupart des supérieurs « disposez à leur permettre de recueillir une ample

« moisson dans des champs, qui bien souvent étoient en « friche, ou peu cultivez. La poussière qui couvroit un « grand nombre de manuscrits, et des titres à demi pour- « ris, et la confusion d'une infinité d'archives qu'ils ont « débrouillées et examinées, ne les ont point rebutez. « Le désir de rendre service au public, et l'espérance « que leur travail pourroit être de quelque utilité à « l'Eglise, leur ont aplani les difficultez les plus insurmon- « tables, la grandeur de l'ouvrage n'a fait qu'animer leur « zèle.......... Ils ont eu la joie d'avoir recueilli « beaucoup de mémoires pour corriger, éclaircir et « augmenter l'histoire des évêques des Gaules, d'avoir « fait sur les titres originaux et autentiques (sic) des « suites des premières dignitez des cathédrales qui n'en « avoient point, ou augmenté considérablement celles des « églises qui en avoient déjà ; d'avoir fait sur de sem- « blables monuments des listes d'abbez ou d'abbesses de « plus de six cents monastères, dont ceux qui avoient « travaillé avant eux, n'avoient rapporté que les noms, « et dont même ils avoient ignoré le nom de près de cent ; « d'avoir ramassé plus de deux mille pièces qui doivent « servir de preuves dans la *Gallia Christiana*......... (1) »

Dom Martenne et Dom Ursin Durand ont découvert, en outre de tous ces précieux documents, les noms de plus de trois cents évêques qui avaient été inconnus aux pre-

(1) Préface du *Voyage littéraire de deux religieux Bénédictins de la Congrégation de Saint-Maur* (Dom Martenne et Dom Ursin Durand). Paris, 2 volumes in-4°, 1717.

miers auteurs de la *Gallia Christiana*. Revenons au P. Denis de Sainte-Marthe.

Longtemps avant de soumettre ses plans à la Congrégation des Bénédictins de Saint-Maur, et de lui faire adopter le projet de refondre la *Gallia Christiana* de 1656, le P. Denis de Sainte-Marthe s'occupait d'amasser les documents dont il avait besoin pour la perfection de son œuvre. Il en faisait en quelque sorte sa principale, son unique occupation. Non seulement il se livrait avec affection et avec zèle à ce travail, mais encore il y était exhorté, encouragé par des personnages considérables et d'un grand mérite, notamment, depuis 1706, par le duc cardinal de Noailles, archevêque de Paris. Il n'y a que ceux qui ont composé des livres de la nature de la *Gallia Christiana*, qui peuvent apprécier de parells travaux, qui peuvent comprendre combien on se passionne facilement pour eux, et combien il faut dépenser d'énergie, de patience et faire abnégation de toutes choses pour les conduire à bonne fin.

Mais le P. Denis de Sainte-Marthe voulut ajouter au haut patronage de sa congrégation, l'approbation et la puissante protection de l'Assemblée générale du Clergé de France. Il soumit alors ses plans, son programme, ainsi que ses matériaux à ladite Assemblée, qui livra le tout à l'examen d'une commission choisie dans son sein.

Dans sa séance du 17 juin 1710, l'Assemblée générale du Clergé, présidée par le duc cardinal de Noailles,

archevêque de Paris, entendit le rapport de ses commissaires, par l'organe de l'un d'eux, l'archevêque de Narbonne, qui s'exprima en ces termes : «...... Que l'As-
« semblée leur aïant fait l'honneur de les charger du
« soin d'examiner les propositions de Dom Denis de
« Sainte-Marthe, religieux Bénédictin, demeurant à
« l'abbaïe de Saint-Germain-des-Prez, qui a projeté de
« faire une édition plus ample et plus exacte du *Gallia*
« *Christiana*, ils avoient eu plusieurs conférences avec lui,
« et qu'il leur a rendu compte du plan de son ouvrage et
« du succès de ses recherches.

« Que pour y réussir, il a lû avec beaucoup d'appli-
« cation les manuscrits et les autres imprimés qui sont
« citez dans la première édition, qu'il a recouvré d'autres
« manuscrits en grand nombre inconnus aux auteurs de
« ladite édition, et qu'il a lû tous les recueils de pièces
« anciennes imprimez depuis 1656.

« Qu'avec ce secours il a découvert un grand nombre
« d'évêques, dont le nom et les actions avoient échappé
« à MM. de Sainte-Marthe, ce qui l'a mis en état
« d'augmenter considérablement leur ouvrage.

« Mais que personne n'ignorant la grande liaison qui
« est entre l'histoire des métropoles et de leurs suffra-
« gants, semblablement entre celle des abbez et de leurs
« évêques et archevêques, il est aisé de juger combien
« ces histoires rapprochées les unes des autres peuvent
« contribuer mutuellement à leur éclaircissement.

« Qu'ainsi le Père de Sainte-Marthe a distribué son

« nouveau livre par provinces ecclésiastiques. Que dans « le rang desdites provinces, pour ne point donner d'at- « teinte aux diverses prétentions de plusieurs métropo- « litains, il suit l'ordre alphabétique ; ce qu'il observe « pareillement et pour la même raison dans le rang « des évêques qui composent une même province.

« Qu'à la tête de chaque province, il y aura une carte « géographique, où l'on marquera, non seulement les « villes épiscopales et les abbaïes, mais aussi les lieux « renommez en chaque diocèse, principalement par la « tenuë des Conciles qui ont été célébrez.

« Que l'auteur donnera l'abrégé de l'histoire de la ville « et de l'église métropolitaine et des archevêques qui « l'ont gouvernée jusqu'à ce jour. Que le même ordre « sera observé à l'égard des évêchez et des évêques, « auxquels on joindra, autant qu'il sera possible, l'his- « toire de ceux qui ont possédé la première dignité en « chaque église métropolitaine ou cathédrale.

« Qu'enfin le même ordre sera gardé pour les abbaïes, « pour les abbez et les abbesses, qui en ont eu le gouver- « nement ; comme aussi pour les généraux et chefs- « d'ordre qui demeurent dans l'étenduë de chaque pro- « vince.

« Mgr l'archevêque de Narbonne en finissant, a fait « observer à la Compagnie que le projet du P. de Sainte- « Marthe étant déjà bien avancé, s'exécutera heureuse- « ment en peu d'années, s'il est soutenu par la protection « de l'Assemblée. Qu'à cet effet ledit Père de Sainte-

« Marthe l'a supplié de lui accorder des lettres de recom-
« mandation, à la faveur desquelles les religieux qu'il
« emploië pour rechercher les titres nécessaires à l'exé-
« cution de son dessein, soient introduits dans les archi-
« ves où ces titres sont conservez. Qu'il représente aussi
« qu'une entreprise de cette nature ne sçauroit s'accom-
« plir qu'avec des dépenses qui sont au-dessus de ses
« forces, ainsi qu'il est aisé d'en juger par les frais des
« voïages, par l'entretien des religieux qui sont associez
« aux travaux de l'auteur, par le salaire des copistes et
« les ports de lettres.

« Sur quoy Monseigneur le cardinal de Noailles, aïant
« demandé l'avis de la Commission, Monseigneur l'arche-
« vêque de Narbonne a dit que leur avis est d'accorder
« au Père de Sainte-Marthe la somme de quatre mille
« livres une fois païé, pour lui donner moïen de faire la
« dépense nécessaire, pour mettre son livre en état d'être
« donné au public dans quatre ans au plus tard, à com-
« mencer le premier juillet prochain, à condition que la
« Congrégation de Saint-Maur s'engagera par écrit que
« si ledit Père de Sainte-Marthe vient à décéder, elle aura
« soin de faire mettre l'ouvrage en sa perfection par
« d'autres religieux de ladite Congrégation. Qu'ils sont
« aussi d'avis que l'Assemblée écrive un lettre à Messei-
« gneurs les archevêques et évêques du roïaume, pour
« les prier de s'employer auprès de tous les corps ecclé-
« siastiques et séculiers de leurs diocèses, pour faciliter
« aux associez du Père de Sainte-Marthe, la communica-

« tion des titres, dont ils peuvent avoir besoin : sembla-
« blement, de prier MM. les Intendants des provinces
« d'honorer lesdits religieux de leur protection à la même
« fin.

« Le Rapport achevé, l'Assemblée, par sa délibération,
« s'est conformée en tout à l'avis de la commission ;
« et son Eminence, après avoir remercié Mgr l'archevêque
« de Narbonne des recherches curieuses et sçavantes dont
« il a fait part à la Compagnie, l'a prié de dresser la
« lettre que l'Assemblée a résolu d'écrire à Messeigneurs
« les archevêques et évêques (1). »

Nous avons donné la copie de ce document authentique concernant la *Gallia Christiana* des Bénédictins, de préférence à notre propre récit ; lequel récit n'eut été qu'une pâle répétition de cette partie du procès-verbal de cette illustre Assemblée générale du Clergé de France, de l'année 1710.

Ainsi que nous l'avons vu dans le document que nous venons de copier, le plan de la *Gallia Christiana*, projetée par le P. Denis de Sainte-Marthe, était conçu sur une très grande échelle ; cette œuvre était, par la richesse et l'importance de sa matière, digne de la grandeur et de la puissance de la France ; car l'ouvrage ne devait pas avoir moins de seize volumes in-folio.

Nous avons vu aussi, qu'en 1708, des Bénédictins de Saint-Maur, — notamment Dom Martenne et Dom Ursin

(1) Extrait du procès-verbal de l'Assemblée générale du Clergé de France, cité plusieurs fois.

Durand, — avaient été chargés, par leur communauté, de fouiller les cartulaires des diverses provinces de la France, pour y recueillir les matériaux nécessaires à la plus grande perfection possible de l'œuvre entreprise par le P. Denis de Sainte-Marthe. D'après la décision de l'Assemblée générale du Clergé de France, prise le 17 juin 1710, des lettres de recommandation, adressées aux personnages éminents dont il est question dans le procès-verbal sus mentionné, furent remises à des religieux Bénédictins, qui partirent incontinent pour recueillir de nouveaux documents échappés aux recherches et aux savantes investigations de leurs devanciers.

Quoique ces religieux reçussent partout une généreuse hospitalité, tous ces voyages, — qui durèrent plusieurs années, — occasionnèrent des dépenses considérables. A cet égard nous ferons remarquer que l'Assemblée générale du Clergé de France de 1710, a été beaucoup moins généreuse que l'Assembée du Clergé de 1646. En effet, Scévole et Louis de Sainte-Marthe touchèrent la somme de six mille livres, et les trois fils de Scévole, — qui avaient continué l'œuvre de leur père et de leur oncle, — reçurent chacun de l'Assemblée du Clergé de 1656, une pension annuelle de cinq cents livres pour la publication de l'édition, en quatre volumes in-folio, de la *Gallia Christiana* de 1656; tandis que l'Assemblée générale du Clergé de France de 1710, n'a accordé, — une fois payée, — que la somme de quatre mille livres au P. Denis de Sainte-Marthe dont l'ouvrage devait se composer de seize volumes in-folio. Et encore, cette somme de quatre mille livres ne fut accordée qu'à condition que la Congrégation des Bénédictins de Saint-Maur s'engagerait par écrit à parachever l'édition projetée de la *Gallia Christiana*, dans le cas où le P. Denis de Sainte-Marthe viendrait à décéder avant d'avoir pu achever la publication de cet ouvrage. Mais hélas ! l'Assemblée générale du Clergé de France, en imposant cette dure condition, et les Bénédictins en l'acceptant, avaient compté sans la Révolution de 1789, qui emporta des choses bien plus considérables que ce traité, malgré son importance pour les progrès de la science historique.

Malgré l'exiguité de la somme accordée au P. Denis de Sainte-Marthe, — et si peu en rapport avec l'importance de l'œuvre, et surtout avec les immenses richesses du clergé, — le premier volume de la nouvelle et dernière édition de la *Gallia Christiana*, parut en 1715.

Les trois premiers volumes ont pour titre : Gallia Chistiana, in provincias ecclesiasticas distributa; qua series et historia archiepiscoporum, épiscoporum et abbatum Franciæ vicinarumque ditionum ab origine ecclesiarum ab nostra tempora deducitur, et probatur ex authenticis instrumentis ad calcem appositis. Opera et studio Domni Dionysii Sammarthani (1), presbyteri et

(1) Fournier, à la page 310 de son *Dictionnaire portatif de bibliographie*, et Psaume, à la page 203 du tome II de son *Dictionnaire Bibliographique*, disent ceci : « Sammarthanorum fratrum (Scœvolæ, « Lud. et Dionys.) Gallia Christiana. Parisiis, è typ. reg. 1715-1786, « 13 vol. in-fol. » Ces deux bibliographes font erreur. Les jumeaux

monachi ordinis Sancti Benedicti, e Congregatione Sancti Mauri. Parisiis, ex typographia Regia.

Le premier volume porte le millésime de 1715 (1), le deuxième 1720 et le troizième 1725.

Mais le P. Denis de Sainte-Marthe, — qui avait été élu général de son ordre en 1720, — étant mort le 30 mars 1725 (2) avant la publication du quatrième volume, le titre de ce volume et les titres des tomes cinquième à treizième inclusivement, subirent la modification suivante: Opera et studio monachorum Congregationis Sancti-Mauri ordinis S. Benedicti (3).

Le programme que nous a donné Mgr l'archevêque de Narbonne dans son rapport à l'Assemblée générale du Clergé de France, en 1710, a été religieusement suivi et même dépassé par le P. Denis de Sainte-Marthe et par ses confrères de la Congrégation de Saint-Maur. Mais comme il serait beaucoup trop fastidieux d'analyser ici

Scévole et Louis de Sainte-Marthe, nés en 1571, ne pouvaient pas être frères de Denis de Sainte-Marthe, né quatre vingts ans après eux, en 1650, d'une autre branche de la même famille.

(1) Nous avons vu des exemplaires dont le premier volume porte le millésime de 1716.

(2) Au commencement du quatrième volume de la *Gallia Chistiana*, il y a une *Notice nécrologique* qui a pour titre: Domni Dionysii de Sainte-Marthe vitæ synopsis.

(3) A propos de la *Gallia Christiana* des Bénédictins, M. Socard, cité plusieurs fois, dit ceci: « Elle fut commencée par le P. Denis de « Sainte-Marthe qui en donna SIX VOLUMES, de 1715 à 1739. » La date du décès de ce savant Bénédictin, que nous donnons ci-dessus, est plus que suffisante pour réfuter ce parachronisme.

chacun de ces volumes ; d'autant plus que la plupart, — pour ne pas dire toutes, —des bibliothèques publiques possédant la *Gallia Christiana* des Bénédictins, tout le monde pourra s'assurer de son contenu. Nous allons seulement indiquer : 1° la date de la publication de chaque volume ; 2° les provinces ecclésiastiques ou plutôt les archevêchés et les évêchés qui sont renfermés dans ledit volume. Et afin d'éviter autant que possible les répétitions, nous allons mettre en lettres capitales les noms des archevêchés, et en caractères romains les noms des évêchés, en ayant soin de faire suivre immédiatement chaque archevêché de ses suffragants.

Ainsi, le *Premier volume*, publié en 1715, contient : 1° l'archevêché d'ALBY et ses suffragants : Castres, Mende, Cahors, Rodez, Vabres ; 2° AIX, Apt, Riez, Fréjus, Gap, Sisteron ; 3° ARLES, Marseille, Saint-Paul-Trois-Châteaux, Toulon, Orange ; 4° AVIGNON, Carpentras, Vaison, Cavaillon ; 5° AUCH, Dax, Lectoure, Commenge, Conserans, Aire, Bazas, Tarbes, Oleron, Lescar, Bayonne.

Deuxième volume. 1720. 1° BOURGES, Clermont, Saint-Flour, Limoges, Le Puy, Tulles ; 2° BORDEAUX, Agen, Condom, Angoulême, Saintes, Poitiers, La Rochelle, Luçon, Périgueux, Sarlat.

Troisième volume. 1725. 1° CAMBRAY, Tournay, Arras, Saint-Omer, Namur ; 2° COLOGNE, Liége, 3° EMBRUN, Digne, Grasse, Vence, Glandève, Senez, Nice.

Quatrième volume. 1728. LYON, Autun, Langres, Chalon-sur-Saône, Mâcon (1).

Cinquième volume. 1731. 1° MALINES, Anvers, Bruges, Gand, Ruremonde, Ypres, Bois-le-Duc; 2° MAYENCE, Worms, Spire, Strasbourg, Constance.

Sixième volume. 1739. NARBONNE, Béziers, Agde, Carcassonne, Nismes, Alais, Montpellier, Lodève, Uzès, Saint-Pons, Perpignan, Alet.

Septième et huitième volumes. 1744 PARIS, Chartres, Blois, Meaux, Orléans.

Neuvième et dixième volumes. 1751. REIMS, Amiens, Beauvais, Boulogne, Chalons-sur-Marne, Laon, Noyon, Senlis, Soissons, Térouane, Vermand.

Onzième volume. 1759. ROUEN, Bayeux, Avranches, Evreux, Séez, Lizieux, Coutances.

Douzième volume. 1770: 1° SENS, Troyes, Auxerre, Nevers; 2° TARENTAISE, Aoste, Sion.

Treizième volume. 1785 (2). 1° TOULOUSE, Pamiers, Montauban, Mirepoix, Lavaur, Rieux, Lombés, Saint-Papoul; 2° TRÈVES, Metz, Toul, Verdun, Nancy, Saint-Diez (3).

(1) Nous ferons remarquer que l'évêché de Dijon a été érigé en 1731, et que, par conséquent, il n'a pu être question de ce diocèse à la place qu'il aurait dû occuper dans ce quatrième volume contenant la province *ecclésiastique de Lyon*, publié dès 1728.

(2) Nous avons vu des exemplaires de ce treizième volume que porte le millésime de 1785.

(3) Nous avons suivi, pour cette nomenclature des archevêchés et des évêchés de la *Gallia Christiana*, tant des volumes parus que des volumes à paraître, le programme des Bénédictins de la Congrégation de Saint-Maur.

En tête de chaque province ecclésiastique, il y a une carte géographique de ladite province, indiquant les archevêchés, les évêchés, les monastères des deux sexes, les lieux où il s'est tenu des Conciles, etc.

Quant aux autres matières et aux divisions de chaque volume, nous renvoyons le lecteur au programme que Mgr l'archevêque de Narbonne a donné dans son rapport à l'Assemblée générale du Clergé de France, et dont nous avons donné la copie plus haut.

La composition des trois premiers volumes de cette nouvelle et dernière édition de la *Gallia Christiana*, est due principalement au P. Denis de Sainte-Marthe. Les autres volumes ont pour principaux auteurs, les RR. PP. DD. Thiroux, Hodin, Duclou, Brice, Du Plessis, Henri, Taschereau, Leveau, Prevost, etc., etc.

Mais dans la composition de leur œuvre, les Bénédictins de la Congrégation de Saint-Maur, ont aussi fait appel aux lumières et à la science des savants des autres communautés religieuses, surtout pour composer l'histoire de ces communautés. Et pour ne citer qu'un exemple nous dirons que l'histoire de la Congrégation de l'Oratoire a été écrite par le P. Bonnet, membre éminent de cette Congrégation.

Nous avons déjà dit que l'édition de la *Gallia Christiana* des Bénédictins, devait avoir seize volumes in-folio. Nous avons indiqué la matière contenue dans les treize premiers volumes. Voici maintenant la nomenclature des archevêchés et des évêchés qui restent à publier. Les tomes XIV et XV étaient destinés à contenir la province ecclésiastique de TOURS, qui avait alors pour suffragants: Le Mans, Angers, Rennes, Nantes, Vannes Cornouaille, Saint-Pol-de-Léon, Tréguier, Saint-Brieuc, Saint-Malo et Dol.

Le tome XVI devait renfermer: 1° BESANÇON, ayant alors pour suffragants : Bâle, Belley et Lausanne ; 2° VIENNE, dont les suffragants étaient Valence, Die, Grenoble, Viviers, Maurienne et Genève; 3° UTRECHT, dont les suffragants étaient alors Midelbourg, Harlem, Deventer, Groningue et Lewarde.

Le savant bibliographe, M. Brunet, dans son *Manuel du Libraire*, etc., dernière édition, s'exprime ainsi à l'égard de la *Gallia Christiana* des Bénédictins: « Cet « ouvrage important est malheureusement resté imparfait, « et il faudrait au moins trois volumes pour le com- « pléter. Le quatorzième volume était sous presse en « 1789, mais on s'est arrêté après l'impression des deux « premières feuilles. »

Un exemplaire de ces deux premières feuilles du tome XIVe de la *Gallia Christiana*, a fait partie de la vente de la librairie de MM. Debure frères, au mois de janvier 1838. Ces deux feuilles ont été indiquées, dans un *errata*, à la page 228 de la quatrième partie du catalogue de cette vente, de la manière suivante: « N° 1736. « *Gallia Christiana*: On vendra avec ce numéro les « feuilles A et B du commencement du tome XIVe, faisant « huit feuillets; ce volume n'a pas été continué. Ces

« feuilles ne se trouvent jamais avec les exemplaires. » En d'autres termes cette note veut dire que ces feuilles A et B sont très rares.

Bien que l'impression de ce tome XIVe de la *Gallia Christiana* n'a pas été continuée à cause des évènements politiques de 1789, il est présumable, néanmoins, que le manuscrit de ce volume n'en a pas moins été complètement composé. Qu'est devenu alors ce *manuscrit* de ce quatorzième volume? Que sont devenus les matériaux amassés par les Bénédictins? C'est M. l'abbé Boulliot qui va nous l'apprendre dans le *Dictionnaire des ouvrages anonymes et pseudomiques*, etc., de Barbier. Après avoir fait la description de la matière qui devait être contenue dans chacun des trois volumes qui restaient à publier pour compléter la *Gallia Christiana*, M. l'abbé Boulliot s'exprime ainsi : « Les Bénédictins avaient rassemblé « beaucoup de matériaux pour la composition de ces « trois volumes. Ces matériaux *sont à la Bibliothèque* « *du Roi*, parmi les manuscrits de Saint-Germain-des- « Prés, sauvés de l'incendie de la Bibliothèque des reli- « gieux de cette maison (1). »

La Bibliothèque du Roi, c'est la Bibliothèque nationale, après la révolution de février 1848; c'est aujourd'hui la Bibliothèque impériale.

Saint-Germain-des-Prés, était une des principales abbayes des Bénédictins de la Congrégation de Saint-Maur;

(1) Barbier. Dictionnaire des ouvrages anonymes, etc., 2e édition, tome III, page 545; note communiquée par M. l'abbé Boulliot.

de cette célèbre Congrégation fondée, en 1613, par Jean Renaud, abbé de Saint-Augustin de Limoges, et confirmée au mois de mai 1621, par une bulle de Grégoire XV ; de cette Congrégation qui a produit les Bouquet, les Mabillon, les Clément, les Félibien, les Montfaucon, les Lobineau, les Vaissette, etc., etc., ces gloires éternelles de la France. C'est dans cette abbaye de Saint-Germain-des-Prés, — supprimée avec tant d'autres en 1790 — qu'on travaillait à la composition de la *Gallia Christiana*.

M. Barbier, l'un des Bibliographes les plus érudits et les plus distingués de ce siècle, administrateur des Bibliothèques du Roi, était, lorsqu'il a publié dans son *Dictionnaire des ouvrages anonymes*, etc., la *Note* de M. l'abbé Boulliot sur la *Gallia Christiana*, parfaitement en position de vérifier si cette note était exacte ou si elle était fautive. Quant à nous, nous déclarons que les faits de cette note,— qui nous sont connus, — sont de la plus scrupuleuse exactitude.

Néanmoins, et quoique la publication de la note de M. Boulliot par M. Barbier, fut déjà pour nous une garantie suffisante de l'exactitude des faits qui y sont rélatés, nous avons voulu nous éclairer encore davantage sur la confiance que l'on pouvait accorder à M. l'abbé Boulliot. En pareil cas, l'autorité la plus compétente à nos yeux et aux yeux de tout le monde, nous n'en doutons pas, c'est M. Brunet, l'auteur du *Manuel du libraire*, etc., dont les ouvrages font loi en matière de Bibliographie. Voici ce que cet érudit bibliographe nous a écrit à cet égard, le 24 janvier 1857 : « Toutefois, je dois vous dire « que l'abbé Boulliot, auteur de la note donnée sous le « numéro 20, 478 du *Dictionnaire des anonymes* de Bar- « bier, mettait beaucoup d'exactitude dans ses travaux « bibliographiques, et que ce qu'il a dit des matériaux « des Bénédictins conservés, selon lui, à la Bibliothèque « impériale, devait être vrai alors. »

Mais que sont devenus tous ces matériaux recueillis par les Bénédictins et destinés par eux à compléter leur *Gallia Christiana?* Nous avons essayé de le savoir, mais malgré les informations les plus pressantes, incessamment renouvelées, nous n'avons pu y réussir. Si ces matériaux ont été déposés à la Bibliothèque du Roi, ainsi que l'affirme M. l'abbé Boulliot, comment et pourquoi donc n'y sont-ils plus? Sont-ils égarés pour tout le monde? Délicates questions difficiles, pour ne pas dire impossibles, à résoudre, et dont nous laissons la solution à de plus habiles que nous.

La plupart des Bibliothèques publiques possèdant, ainsi que nous l'avons dit, la *Gallia Christiana*, tout le monde peut par conséquent, tout aussi bien que nous, vérifier la matière traitée dans les treize volumes in-folio de l'œuvre des Bénédictins. Nous croyons donc devoir ne pas nous étendre davantage sur le mérite et le contenu de ce beau travail. Néanmoins, nous dirons encore, pour ceux qui l'ignorent ou qui ne se le rappelleraient pas, que la *Gallia Christiana* des Bénédictins de la Congrégation de Saint-Maur, est empreinte de ce cachet indélébile qui est le caractère distinctif des travaux de cette célèbre Congrégation; que l'histoire ecclésiastique de la France, depuis le commencement de la Chrétienté jusque vers le milieu du XVIIIe siècle, ainsi que la géographie et l'histoire civile du Moyen-âge, y sont traitées avec une grande sagesse et un grand talent, et y brillent du plus pur et du plus vif éclat.

La *Gallia Christiana* n'étant, à cause de son importance, accessible qu'aux grandes fortunes et aux bibliothèques publiques, l'abbé Jean François Hugues Du Tems, docteur en Sorbonne, entreprit la publication d'un abrégé, en français, de l'œuvre des Bénédictins, sous le titre de : *Le Clergé de France*, ou tableau historique et chronologique des archevêques, évêques, abbés et abbesses du royaume; lequel ouvrage devait être composé de douze volumes in-8°. Quatre volumes, renfermant l'histoire de plus de soixante diocèses, et formant à peu-près l'abrégé des quatre premiers volumes de la *Gallia Christiana* des Bénédictins, ont été publiés en 1774 et 1775. L'abréviateur a omis l'archevêché de *Cologne* et l'évêché de Namur qui font partie du troisième volume de la *Gallia Christiana*; mais en revanche il a mis à sa place, dans la province de Lyon, l'histoire de l'évêché de Dijon, érigé, ainsi que nous l'avons dit, depuis la publication du quatrième volume, contenant l'histoire ecclésiastique de cette province. Mais, de même que le grand ouvrage, l'abrégé est resté incomplet, et l'œuvre a été arrêtée après la publication du quatrième volume.

Depuis plus d'un demi siècle, la *Gallia Christiana* des Bénédictins était restée inachevée, et personne n'avait été assez hardi pour essayer de continuer cette œuvre et la terminer, malgré le vœu exprimé plusieurs fois par l'Académie des Inscriptions et Belles-Lettres (Institut de France). Ce vœu était ainsi formulé : «..... Telle serait « également une continuation du *Gallia Christiana* : le « titre seul de cet ouvrage rappelle toutes les qualités « que l'Académie aimerait à rencontrer et à récompenser « dans l'auteur qui entreprendrait de le compléter(1). »

Mais la grandeur de l'œuvre a sans doute effrayé les plus courageux. Et pourtant les esprits sérieux ne manquent pas; nous en avons la preuve dans les nombreux ouvrages historiques, — empreints pour la plupart d'un véritable talent, — qui sont publiés chaque jour. Nous citerons notamment un écrit qui peut être, en quelque sorte, considéré comme un fragment de la *Gallia Christiana*, et que son auteur, M. Charles Guimard, a envoyé au Concours des Antiquités nationales de 1851, et qui a pour titre : *Histoire des évêques de Saint-Brieuc*, (suffragants des archevêques de Tours.) Et comme dans le rapport de M. Lenormant, lu à l'Académie des Inscriptions et Belles-Lettres, dans sa séance annuelle du 22 août 1851, il est question tout à la fois de cette *Histoire des évêques de Saint-Brieuc*, de son

(1) C'est le 16 août 1850, que l'Académie des Inscriptions et Belles-Lettres a exprimé ce vœu, qu'elle a renouvelé, dans les mêmes termes, plusieurs fois depuis.

auteur, et de la *Gallia Christiana*, nous allons donner l'extrait suivant de ce rapport.

« Et ici, dit M. Lenormant, en parlant de *l'Histoire des* « *évêques de Saint-Brieuc*, à la valeur même de l'ou-« vrage, vient se joindre un douloureux intérêt pour « l'auteur, ou plutôt pour sa mémoire. Très-peu de « temps après avoir mis la dernière main au manuscrit « que nous avons examiné, il a péri par accident en se « baignant dans la mer. Les sciences historiques ont fait « dans sa personne une perte sensible. Il était bien doué « pour les travaux de longue haleine ; il avait la persévé-« rance, la pénétration, la conscience. Tout le monde « sait que la *Gallia Christiana*, sous sa dernière forme, « s'arrête avant d'entamer la province de Tours, et que « par conséquent les siéges épiscopaux de la Bretagne en « sont exclus. Il a été souvent question d'achever cette gi-« gantesque entreprise, interrompue par la destruction « des ordres monastiques, et les nouveaux Bénédictins « avaient courageusement accepté cette part de l'héritage « de leurs devanciers. Mais, avec la mobilité de notre « époque, nous ne bâtissons que sur le sable. C'est ce « que s'était dit M. Guimard, et il avait pensé qu'au moins, « en attendant les in-folio, on pouvait procéder par « recherches et par compositions isolées. »

Mais quelques louables que soient ces essais, ces histoires particulières, la *Gallia Christiana* n'en restait pas moins inachevée ; et elle semblait condamnée à rester éternellement incomplète, faute d'une Congrégation de

Bénédictins de Saint-Maur, assez érudite et assez dévouée aux sciences historiques pour la terminer, lorsque tout-à-coup, les cent voix de la presse annoncèrent que cette œuvre gigantesque avait trouvé un continuateur.

En effet, le *Moniteur universel*, du 9 août 1856, — sous le titre de : Prix fondé par le baron Gobert pour le travail le plus savant et le plus profond sur l'histoire de France et les études qui s'y rattachent, — contenait l'extrait suivant du discours d'ouverture prononcé par M. Laboulaye, dans la séance publique annuelle du 8 août 1856, de l'Académie des Inscriptions et Belles-Lettres.

« Sans gêner en rien la liberté des concurrents, a dit « M. le président Laboulaye, l'Académie avait indiqué « quelques ouvrages qui lui sembleraient le mieux rem- « plir les intentions généreuses du baron Gobert, l'his- « toire d'un règne, d'une province, un Glossaire de notre « ancienne langue, en un mot quelque beau travail qui « reprît la tradition des Le Nain de Tillemont, des Dom « Vaissette, des Ducange, ces gloires de l'érudition fran- « çaise. Au premier rang de ces ouvrages désirés, « l'Académie avait placé la continuation du *Gallia Chris- « tiana*. Rien ne lui semblait plus nécessaire et plus « glorieux que d'achever ce monument consacré à une « Eglise dont l'histoire a été si longtemps celle de la « France. Le vœu de l'Académie a été entendu. M. Hau- « réau a repris l'œuvre des Bénédictins ; un seul homme « a entrepris de continuer le travail de la savante C

« gation, dans le même esprit, avec la même érudition et
« la même sagesse. Ce que M. Hauréau a déjà publié
« montre qu'il n'est pas au-dessous de cette noble tâche,
« et l'Académie est heureuse de décerner le prix à celui
« qui a si bien répondu à son appel. »

A la lecture de ce discours, de cette annonce, que la *Gallia Christiana* avait un continuateur, nous avons éprouvé une vive satisfaction. On comprendra notre contentement, nous l'espérons, quand on saura que de tous les chefs-d'œuvre des Bénédictins, la *Gallia Christiana*, est notre ouvrage de prédilection, celui que nous aimons à consulter le plus souvent, et toujours avec un plaisir nouveau, parce qu'il est pour nous une mine inépuisable de science historique.

Cependant, le nom de ce continuateur troubla bientôt notre joie; le nom de M. Hauréau nous causa d'abord, — sans trop savoir alors pourquoi, — une pénible et fâcheuse impression. Nous cherchâmes dans nos souvenirs en quelle circonstance ce nom nous avait laissé un sentiment défavorable pour celui qui le porte. A force de fouiller dans notre mémoire, nous finîmes par nous rappeler des faits concernant M. Hauréau, et qui nous expliquèrent la pénible sensation que son nom nous a fait éprouver lorsque nous avons appris qu'il était le continuateur de la *Gallia Christiana*.

Mais comme nous ne voulons pas que l'on nous accuse d'avoir tenu un langage hyperbolique, et qu'on nous taxe d'inexactitude, nous allons mettre sous les yeux du lecteur ce qui est relatif à M. Hauréau, afin qu'il puisse juger si nous avons eu tort ou raison de nous affliger, de nous attrister.

De 1832 à 1834, M. Barthélemy Hauréau a composé et publié un livre qui a pour titre: LA MONTAGNE. Or, dans son livre, M. Hauréau professe des opinions, des doctrines qui sont diamétralement opposées aux opinions et aux doctrines exprimées dans la *Gallia Chistiana* des Bénédictins. Ecoutez plutôt ! nous copions littéralement.

« Autrefois, dit M. Hauréau, il y eut un pouvoir qu'on « appelait le Pape, unité spirituelle gouvernant le monde. « Le Pape s'oubliant un jour, fit commerce avec les « publicains et les usuriers, avec les militaires dont il se « servait avant pour exécuter ses infaillibles volontés. Le « Pape s'entoura de luxe, de filles, d'esclaves et d'eunu- « ques. Le Pape trouva la chasuble et le rochet choses « trop légères, et il s'*arma* de la cotte de maille et du « glaive; et il se fit bâtir un palais par Michel-Ange, « et chercha parmi toutes les courtisanes la plus belle « pour son lit. L'œuvre de Saint-Pierre fut interrompue, « et les peuples eurent à souffrir. Alors, la Société, « devenue sans foi, parce qu'elle était trahie et depuis quel- « que temps gênée dans sa marche accoutumée, poussa « le cri de détresse, qui fut bientôt le cri de guerre : « Liberté ! — Le Pape tomba (1). »

Voilà pour le chef auguste de la Chrétienté !

(1) *La Montagne*. Notices historiques et philosophiques sur les principaux membres de la Montagne, etc., par B. Hauréau, Paris, J. Bréauté. 1831, 1 vol. in-8°, page 158.

Et c'est le continuateur de la *Gallia Christiana* qui a écrit toutes ces choses !

Voici maintenant pour le Roi de France :

« Autrefois il y eut un pouvoir qu'on appelait le Roi, « unité matérielle relevant du Pape, et plus tard héritant « de sa valeur sur les peuples, quand les régisseurs se « partagèrent entre eux le grand domaine du maître « dépossédé. Ce Roi disait dans un temps : « L'Etat c'est « moi ! » et alors il faisait bien, car en disant cela, il « tuait les seigneurs au profit du peuple. Mais plus tard, « ne comprenant dans le peuple qu'une gent de valets qu'on « mène en laisse, il se contenta de toucher les honoraires « de la royauté, sans la gérer. Il s'endormait à Trianon, « soûl de débauches et disait alors : « Après moi « la fin du monde ! » — On cria : Liberté ! et le Roi « tomba (1). »

Et c'est le continuateur de la *Gallia Christiana* qui a écrit toutes ces choses !

Attendez, la Reine Marie-Antoinette a aussi son lot dans ce livre de M. Hauréau.

« C'est la Cour : C'est la Reine, l'amour et l'idole des « contre-révolutionnaires, la Reine débauchée avec ses « mystérieux Trianons, adultère, si j'en crois les hommes « du temps, et méchante comme les impudiques, « *Madame Veto*, qui s'était fait à elle une Cour de pros-

(1) *La Montagne*, etc., page 158.

« tituées, et gouvernait ainsi la France dans ses capri-
« ces (1). »

Et c'est le continuateur de la *Gallia Christiana* qui a écrit toutes ces choses !

Ecoutez à présent l'apologie des massacres de septembre 1792 et de la Guillotine, accompagnée d'outrages à Napoléon 1er.

«..... Alors les officiers municipaux partent et vont pro-
« clamer dans la ville l'imminence des périls qui mena-
« cent la République, et on entend ce fameux canon
« d'alarme qui annonce ces journées si sublimes, si terri-
« bles, si nécessaires, si belles qu'on en tressaille encore,
« malgré quelques crimes malheureux ; car, comme il
« fut dit plus tard aux Jacobins, les crimes des patriotes
« ne sont autres choses que l'amour du pays (2).

« Collot-d'Herbois n'eut pas de peine à vaincre. La
« Guillotine fit plus tard justice de ces poètes, courtisans
« et modérés, qui n'avaient pas seulement tout ce qu'il
« faut de tête pour comprendre le peuple (3)....... Rever-
« chon annonçait à la Convention la mort de seize cent
« quatre-vingt deux rebelles.... Je dis qu'il n'y a pas là
« de quoi frémir, de quoi accuser même. Et c'est plaisant
« de voir vraiment, comment les grands admirateurs de
« Buonaparte, les grands praticiens du sabre, qui balan-
« cent tous les jours l'encensoir à l'égorgeur renégat,

(1) *La Montagne*, pages 51, 52.

(2) Idem, pages 7, 8.

(3) Idem, pages 37, 38.

« dont tous les meurtres avaient pour fin lui et son des-
« potisme, osent crier si fort et si impudemment, contre
« les exécutions de Guillotine, qui purgeaient la terre
« d'aristocrates et de négociants trafiqueurs de remue-
« ments politiques, pour asseoir définitivement le règne
« de la morale et de l'égalité (1). »

Et c'est le continuateur de la *Gallia Christiana* qui a écrit toutes ces choses !

Voici maintenant la béatification de Danton, Couthon, Marat, Saint-Just, Robespierre, etc., de ces *Martyrs*, de ces *Saints de la Montagne*, comme dit M. Hauréau dans l'introduction de son livre.

« Il (Danton), fut grand entre les Montagnards, comme
« Jourdan-coupe-tête entre les patriotes de la rue (2).....
« C'était encore une branche qui tombait de l'arbre pourri
« de la contre-révolution. Robespierre, Saint-Just, Cou-
« thon semblaient avoir désormais sous leur tutelle la
« grande famille des sans-culottes; et ceux-là n'étaient
« pas les Caïns, malgré le dire de Danton, mais les
« justes (3)....... Marat ne fut d'aucune façon ce que l'ont
« voulu faire les partis menteurs de nos jours et de
« l'autre temps (4).... Je lancerai de mes deux mains le
« blâme contre tous ceux qui l'ont gâté par l'excès du
« malheur, tandis que je le louerai, lui qui n'erra jamais

(1) *La Montagne*, page 41.
(2) Idem, page 14.
(3) Idem, page 15.
(4) Idem, page 81.

« que par excès de vertu (1)...... Je déclare et répète que « Marat mérita bien de la patrie, et que tous nous devons « avoir pour lui de l'estime, sinon de l'amour (2). Cependant, Robespierre, « le Grand Robespierre (page « 62), n'avait pu même tout pardonner à Marat : il blâ- « mait en lui cette verve de Guillotine que nous ne pouvons « cependant appeler qu'une sainte-colère, bien excusable « sans doute, à cause de ses entourages, à cause de ses « amis et de ses ennemis (3)...... Dans l'autre trinité, « Robespiere était la tête, Saint-Just le cœur et Couthon « le bras. Ces trois hommes peuvent être regardés comme « les plus grands inspirateurs de la pensée révolution- « naire et ses plus intelligents ouvriers (4) ..... Nous ne « sommes en vérité, que des gamins à côté de ces hommes « à la pensée ferme, qui venaient, forts de leur cons- « cience, doter le monde d'une vie nouvelle, et la régé- « nérer par la terreur (5). »

Et c'est le continuateur de la *Gallia Christiana* qui a écrit toutes ces choses!

Et quoiqu'il vous soulèvera le cœur, comme il nous l'a soulevé à nous, lisez encore ce passage du livre de M. Hauréau.

« Après Thermidor revient la fille de joie, — non plus

(1) *La Montagne*, page 91.

(2) Idem, page 98.

(3) Idem, page 241.

(4) Idem, page 192.

(5) Idem, page 30.

« la courtisannerie de Louis XVI, impudique de naissance « et portant des paniers : quelque chose de plus puant, « de plus près du tripot. Après l'austérité grave et morne, « après ton âme de chasteté, Saint-Just ! C'est la Cabarus « et son Tallien, et les débauches de nuit...... Et la Vénus « grecque, ressuscitant si à propos dans cet âge ; les « femmes de Paris, race de prostituées, qu'on revoit tout-« à-coup avec les sandales, les bandelettes, avec la robe « dégagée, et surtout l'impudence des hanches et les « baisers à tout venant....... Allons donc, faites après « cela des révolutions, grands hommes, défaites des rois, « bouleversez tout un siècle, marchez sur tout : rien n'est « fait, si vous ne tranchez d'un coup la tête à cette race « paillarde, non d'amours, mais de débauches, mais de « voluptés sales, mais de modes, mais de bals, mais de « boissons ; à cette bourgeoisie bête et laide, avec l'or-« gueil d'une harengère en souliers de satin (1) »

Et c'est encore le continuateur de la *Gallia Christiana* qui a écrit toutes ces choses !

Mais arrêtons-nous ; car ce livre de M. Hauréau est écrit tout entier dans ce style et dans cet esprit. Et puis, on le comprendra sans peine, tout cela nous attriste profondément, et nous répugne au dernier point ; et il a fallu les exigences de notre sujet pour nous décider à donner ces extraits, dont nous laissons l'appréciation à nos lecteurs. On pourrait comprendre, jusqu'à un certain point, que de pareilles doctrines, de pareils principes aient été

(1) *La Montagne*, etc., pages 43, 44.

professés à l'époque du boulversement de 1793, lorsque les esprits étaient en fermentation ; mais les écrire de sang-froid, sans motif et sans raison, plus de quarante ans après, cela ne se comprend pas, autrement il faut avoir l'esprit, l'imagination et même le cœur bien malades.

Mais, dira-t-on, M. Hauréau n'est peut-être plus imbu de ces mauvais principes et de ces fausses doctrines ; nous le désirons bien sincèrement, mais nous croyons que le contraire existe. En effet, M. Hauréau, l'un des rédacteurs du *National*, a des opinions républicaines très avancées ; il est, comme on disait en 1848, un Républicain de l'avant-veille. Après la Révolution du 24 février, il fut nommé par ses amis du Gouvernement provisoire, — au mépris de l'article 10 des règlements, mais en temps de révolution on ne s'arrête pas pour si peu, — conservateur à la Bibliothèque nationale, département des Manuscrits. M Hauréau a conservé son emploi jusqu'à la fin de 1851 ; ses principes ultra républicains ne lui ayant pas permis de prêter serment au Gouvernement issu de l'acte si courageux du deux décembre, il fut forcé de se retirer. C'est depuis cette époque, — selon M. Ferdinand de Lasteyrie (1), — que M. Hauréau a songé

(1) *Le Siècle* du 29 novembre 1856. Dans ce même numéro M. Ferdinand de Lasteyrie, attribue la création de la *Gallia Christiana*, ainsi que l'édition de cet ouvrage due aux Bénédictins, spécialement à Scévole et à Louis de Sainte-Marthe et à d'autres membres de cette illustre famille : ce qui est — comme tout le monde le sait. — une double erreur.

de compléter la *Gallia Christiana*, laissée inachevée, comme chacun sait, par les Bénédictins de Saint-Maur.

Nous demanderons à toute personne impartiale, au cœur haut placé, si, en présence des opinions, des principes et des doctrines qui sont exprimés dans le livre intitulé : LA MONTAGNE, et dont nous avons donné des extraits, elle ne craindrait pas, comme nous, que la continuation de la *Gallia Christiana* ne soit souillée des mêmes principes, des mêmes doctrines subversifs dont est imbu M. Hauréau? Nous sommes convaincu que tout le monde partagera nos craintes et nos sentiments à cet égard.

Et afin que chacun puisse bien comprendre nos appréhensions à ce sujet, nous répéterons ici que la *Gallia Christiana* est une œuvre composée avec une grande sagesse, dans des principes religieux et moraux, dans de bonnes et saines doctrines; en un mot qu'elle est, comme l'indique son titre, l'histoire de la *Gaule Chrétienne*, l'histoire de l'Eglise qui a été, — a dit si judicieusement M. Laboulaye, — si longtemps l'histoire de la France. Et que, pour continuer convenablement et dignement cette œuvre gigantesque, il faut nécessairement être pénétré des principes, des doctrines, de la sagesse et de l'érudition des Bénédictins, et posséder comme eux, l'unité de pensée et de conduite, qu'ils possédaient à un si haut degré, dans la direction et l'exécution de leurs travaux.

Ah! Si du moins, — nous disions-nous dans nos angoisses et dans notre anxiété, — si du moins M. Hauréau, — pendant qu'il était conservateur des manuscrits à la Bibliothèque nationale, — avait retrouvé le manuscrit égaré du quatorzième volume de la *Gallia Christiana*, dont les Bénédictins avaient déjà imprimé deux feuilles, ainsi que les nombreux matériaux recueillis par la savante Congrégation de Saint-Maur, et dont parle M. l'abbé Boulliot dans la *Note* dont nous avons donné un extrait ! Combien en ce cas nous aurions été rassuré sur la droiture et la pureté des doctrines et des principes de la *Gallia Christiana* ! Car si M. Hauréau eut retrouvé ce manuscrit du quatorzième volume et ces nombreux matériaux des Bénédictins, il eut pu les consulter avec fruit, il eut pu s'en servir, et même les publier, en ayant soin toutefois d'indiquer leur origine.

Cependant, il paraît que nos craintes au sujet de l'uniformité des principes et des doctrines qui doit exister entre la *Gallia Christiana* et la continuation de cet ouvrage par M. Hauréau, n'étaient pas fondées, — ou du moins qu'elles étaient exagérées ; — puisque M. Laboulaye, dans son discours d'ouverture, que nous avons rapporté plus haut, nous dit que « M. Hauréau a repris l'œuvre des Bénédic-« tins ; un seul homme a entrepris de continuer le travail « de la savante Congrégation, dans le même esprit, avec « la même érudition et la même sagesse. » Nous devons donc, en présence de cette déclaration de l'Académie, — dont nous connaissons la prudence et les lumières, — nous montrer aussi satisfait qu'elle du travail de M. Hauréau, et nous rassurer sur la pureté des doctrines professées dans le quatorzième volume de la *Gallia Christiana*.

Quoiqu'il en soit, nous félicitons M. Hauréau d'être à lui tout seul, aussi savant, aussi patient, aussi laborieux que la Congrégation tout entière des Bénédictins de Saint-Maur, pour avoir, — en moins de cinq années, — fouillé les archives, recueilli les matériaux, compulsé, déchiffré des myriades de titres et de documents, le tout nécessaire et indispensable à la composition et à la rédaction du quatorzième volume de la *Gallia Christiana* ; tandis que les Bénédictins de Saint-Maur, de l'abbaye de Saint-Germain-des-Prés, dont le personnel était nombreux, — quoique aidés de longue main, comme ils l'ont été, par les autres maisons de leur ordre, et même par d'autres Congrégations, — ont employé près d'un siècle à préparer, à recueillir, au moyen de nombreux religieux-voyageurs, les documents nécessaires, utiles à la composition et à la publication des treize volumes de l'œuvre gigantesque, qui a pour titre, — comme chacun sait : — *Gallia Christiana*. Et pour que chacun comprenne bien l'importance et la nature d'un pareil travail, nous répéterons ici que la *Gallia Christiana* est, pour chaque diocèse, depuis sa fondation jusque vers le milieu du XVIIIe siècle, l'histoire ecclésiastique et civile des archevêques, des évêques, des abbés, des abbesses, des doyens de cathédrales, des généraux et chefs d'ordre ; qu'elle est enfin l'histoire ecclésiastique et civile, et même la géographie des villes métropolitaines et épiscopales, des archevêchés, des évêchés et de leurs chapitres, des abbayes et des autres monastères d'hommes et de femmes, des Conciles, etc., etc. ; le tout accompagné de nombreuses pièces justificatives, telles que bulles des papes, ordonnances des rois, chartes, diplômes, lettres et ordonnances épiscopales, etc., etc., et qu'il a fallu recommencer la même chose, le même travail pour chacun des diocèses de toutes les Gaules. Et que, pour réunir ces innombrables matériaux, il a fallu fouiller, compulser, déchiffrer une quantité considérable de manuscrits, de titres de toute nature, écrits, accumulés et enfouis depuis des siècles dans les cartulaires et les archives.

Oui, encore une fois, nous félicitons M. Hauréau d'avoir été à lui seul aussi savant, aussi laborieux et même plus, que toute une nombreuse *Congrégation* de savants Bénédictins; nous le félicitons d'avoir entrepris seul, un travail aussi ardu et aussi considérable que la continuation de la *Gallia Christiana*.

Voici le titre du quatorzième volume de cet ouvrage, qu'a publié M. Hauréau :

Gallia Christiana in provincias ecclesiasticas distributa; in qua series et historia Archiepiscoporum, Episcoporum et Abbatum regionum omnium quas vetus Gallia complectebatur ab origine Ecclesiarum ad nostra tempora deducitur, et probatur ex authenticis instrumentis ad calcem appositis A Monachis congregationis S. Mauri ad tertium decimum tomum opere perducto, *tomum quartum decimum*, ubi de provincia Turonensi agitur, condidit Bartholomæus Hauréau ; in-folio.

MM. Didot ont fait suivre le titre de ce tome quatorzième de la note suivante : « Ce volume, qui continue

« l'œuvre des Bénédictins, renferme les douze diocèses « qui composent » (on aurait dû dire qui composaient, puisque plusieurs évêchés de cette province ont été supprimés), « la province ecclésiastique de Tours. »

Ainsi que l'indique cette note, M. Hauréau, dans la composition et la division de son livre, a suivi le plan et l'ordre suivis par les Bénédictins; c'est-à-dire, que le quatorzième volume de la *Gallia Christiana* publié par M. Hauréau, renferme, — de même que le quatorzième volume de la *Gallia Christiana* de la Congrégation de Saint-Maur, dont deux feuilles ont été imprimées en 1789, — l'histoire de la province ecclésiastique de Tours, ou plutôt l'histoire des douze diocèses qui composaient cette province ecclésiastique avant 1790.

Tout en employant des circonlocutions, on a blâmé l'Académie des Inscriptions et Belles-Lettres de ce qu'elle n'avait pas recherché l'origine de la *Gallia Christiana* : c'est un tort; l'Académie n'avait à s'occuper, — ce qu'elle a fait, — que de l'œuvre des Bénédictins de Saint-Maur, et de la continuation de cette œuvre.

En terminant cette *Etude Bibliographique*, nous exprimons le vœu bien sincère, que la *Gallia Christiana*, — notre œuvre de prédilection, — ne soit point interrompue de nouveau, et qu'elle soit bientôt conduite à la plus grande perfection possible.

FIN.

OMISSION.

NOTA. Ce qui suit devait être placé en note au bas de la page 30 de cette Etude bibliographique.

L'abbé Courtépée, dans l'extrait que nous avons donné de son livre, à la page 30, dit ce qui suit, à propos de Claude Robert : « On en trouve cependant dans le tome IV, « page 955 de la nouvelle édition, un court éloge. »

Ce court éloge attribue la création de la *Gallia Christiana* à Claude Robert ; c'est-à-dire, le contraire de ce qui a été proclamé par Mgr l'archevêque de Narbonne, dans le procès-verbal de l'Assemblée générale du Clergé de France, de l'année 1710, dont nous avons donné plusieurs extraits dans le cours de cette *Etude Bibliographique*. Cette contradiction peut s'expliquer de ce que le P. D. Thiroux, — à qui on attribue en partie la composition du quatrième volume de la *Gallia Christiana*, renfermant, entre autres diocèses, l'évêché de Chalon-sur-Saône, — n'ayant trouvé aucun document manuscrit sur Claude Robert et sa *Gaule Chrétienne* aura puisé sans doute sa matière dans les récits erronés du P. Louis Jacob et du P. Perry. Nous soumettons notre opinion au lecteur : c'est à lui à résoudre la question.

Chalon-s.-S., typ. MONTALAN.

PRINCIPAUX
OUVRAGES DU MÊME AUTEUR.

Histoire de Chalon-sur-Saône,
depuis les temps les plus reculés jusqu'à nos jours, avec un plan de la ville de Chalon.

Un fort volume de 650 pages, imprimé sur papier surfin satiné.

Ouvrage qui a obtenu de l'Académie des Inscriptions et Belles-Lettres (Institut de France) UNE MENTION HONORABLE.

RECHERCHES HISTORIQUES
SUR LA
RÉVOLUTION COMMUNALE AU MOYEN-AGE,
et sur le Système Electoral appliqué aux Communes,
Un volume in-8°, sur papier fin.

RECHERCHES HISTORIQUES
SUR LES CORPORATIONS
DES ARCHERS, DES ARBALÉTRIERS ET DES ARQUEBUSIERS,
Un vol. in 8° de 462 pages.

LL. MM. II. ET RR.
NAPOLÉON ET JOSÉPHINE
ET SS. PIE VII,
A Chalon-sur-Saône.
(AVRIL 1805)
Seconde édition, in-8°.

www.ingramcontent.com/pod-product-compliance
Ingram Content Group UK Ltd.
Pitfield, Milton Keynes, MK11 3LW, UK
UKHW031929260826
14628UKWH00003B/1498

9 782019 719531